公共素质课
系列教材

大学生劳动教育实用手册

总主审　艾海松

总主编　谢　刚

主　编　张　茜　王　荔　赵丽娟

副主编　黄艳兰　黄　静　罗超凡

内容提要

本书在编写上结合了高等教育立德树人的规律,借鉴了国内外劳动教育相关研究成果和实践经验,围绕劳动的理论知识和实践应用,系统阐述了劳动的基本概念、马克思主义劳动观等,力求引导学生树立正确的劳动价值观,弘扬伟大的劳动精神,培养良好的劳动习惯,让学生懂得如何以劳树德、以劳增智、以劳强体、以劳育美、以劳创新。本书是活页式教材,既可作为高等职业院校劳动教育理论的必修课教材,也适用于指导大学生劳动实践。同时,本书还提供了劳动实践考核评价表,可用于大学生劳动实践成果和效果的综合评价。

图书在版编目(CIP)数据

大学生劳动教育实用手册 / 张茜,王荔,赵丽娟主编. -- 重庆:重庆大学出版社,2021.7(2022.8 重印)
ISBN 978-7-5689-2792-5

Ⅰ.①大… Ⅱ.①张… ②王… ③赵… Ⅲ.①大学生—劳动教育—手册 Ⅳ.①G40-015

中国版本图书馆 CIP 数据核字(2021)第 120656 号

大学生劳动教育实用手册

主 编 张 茜 王 荔 赵丽娟
策划编辑:王晓蓉

责任编辑:杨 漫   版式设计:杨 漫
责任校对:王 倩 责任印制:赵 晟

*

重庆大学出版社出版发行
出版人:饶帮华
社址:重庆市沙坪坝区大学城西路 21 号
邮编:401331
电话:(023) 88617190   88617185(中小学)
传真:(023) 88617186   88617166
网址:http://www.cqup.com.cn
邮箱:fxk@ cqup.com.cn (营销中心)
全国新华书店经销
重庆市美尚印务有限公司印刷

*

开本:787mm×1092mm 1/16 印张:15.5 字数:288 千
2021 年 8 月第 1 版   2022 年 8 月第 3 次印刷
印数:6 021—16 020
ISBN 978-7-5689-2792-5 定价:48.00 元

前　言

　　劳动是人类社会存在和发展的基础，是人类特有的基本社会实践活动，是一切幸福的源泉。劳动教育是学校培养德、智、体、美、劳全面发展的新时代中国特色社会主义事业的合格建设者和可靠接班人的重要途径。

　　为贯彻落实新时代对劳动教育的新要求，本书根据中共中央、国务院印发的《关于全面加强新时代大中小学劳动教育的意见》和教育部印发的《大中小学劳动教育指导纲要（试行）》，结合高等职业院校劳动教育实际编写而成。全书分为上、下两个篇章。上篇为理论篇，共分为五个专题：劳动与劳动观、劳动与人生、劳动与成长成才、劳动与安全保障、劳动实践与评价。通过材料阅读、互动探索、案例分析、拓展探究等栏目，帮助学生把握劳动教育的基本内涵，树立正确的劳动价值观，弘扬劳动精神、劳模精神、工匠精神，养成良好的劳动习惯。下篇为实践篇，分为三个专题：日常生活劳动、专业生产劳动、社会服务劳动。通过引导学生了解劳动目的、劳动任务、劳动方法，完成劳动实践、撰写劳动记录与体悟，帮助学生掌握基本的劳动技能，掌握劳动安全知识，培养优秀的劳动品质。本书配有劳动实践考核评价表，用于学生学期劳动实践成果和效果的综合评价。

　　本书由武汉铁路职业技术学院张茜、王荔、赵丽娟担任主编，武汉铁路职业技术学院黄艳兰、黄静、罗超凡担任副主编。具体分工如下：第一章、第六章第二节由黄静编写，共计5.2万字；第二章、第八章第二至三节由王荔编写，共计6.8万字；第三章第一至四节、第六章第三节由赵丽娟编写，共计6万字；第三章第五节、第五章、第六章第一节、第八章第一节、附表由张茜编写，共计7.2万字；第四章由黄艳兰编写，共计5.3万字；第七章由罗超凡编写，共计1.5万字；全书由张茜校审、统稿。

　　在本书的编写过程中，参考了相关专家和学者的著作，在此表示感谢！由于经验不足，理论水平有限，书中难免有缺点、错误和不足，诚挚地希望读者能提出宝贵的意见和建议。

编　者

2021 年 7 月

目　录

上篇
理论篇

第一章　劳动与劳动观

【学习目标】

（1）理解劳动的本质、劳动的特征、劳动的分类及劳动的价值。

（2）了解、掌握马克思主义劳动观。

（3）树立正确的新时代劳动观。

第一节　劳动的本质和分类

生产劳动是创造文化的原动力，是人类历史的起点和基础，不经过劳动，猿不能进化成人，也就没有人类的全部历史；劳动也是人类社会生存的现实基础，人类通过自身的劳动，征服自然、改造自然，将自然界原有的自然物质转化为适于人类生存和发展需要的物质资料，奠定了人类社会存在的基石。

材料一：

恩格斯指出："政治经济学家曾经说过劳动是一切财富的源泉。其实劳动和自然界一起才是一切财富的源泉，自然界为劳动提供材料，劳动把材料变为财富。但是劳动还远不止如此，这是整个人类生活的第一个基本条件，而且达到这样的程度，以致我们在某种意义上不得不说是劳动创造了人本身。"

材料二：

中国教育科学研究院曾进行过一个家庭教育状态调查，在全国 2 万个家庭中，若孩子专门负责一两项家务，他们成绩优秀的比例为 86.92%；而那些认为"只要学习好，做不做家务都行"的家庭中，子女成绩优秀的比例仅为 3.17%。

哈佛大学的一项调查研究也得出相似结论：爱做家务的孩子和不爱做家务的孩子，成年之后的就业率为 15∶1，犯罪率是 1∶10；爱做家务的孩子，离婚率低，患心理疾病的概率也很低。

一、劳动的本质

(一)劳动的概念

自人诞生以来,劳动便出现和发展起来了。人与劳动相生相长,一同发展延续至今。"劳动作为一种实践活动,在人类社会中处于最基础的地位,是人类产生和发展的重要标志。"马克思从哲学和经济学角度比较全面地解释了劳动的含义。从哲学角度,他强调劳动是人的本质,人的自我实现,即人类特有的基本的社会实践活动,人类凭借工具改造自然物,使之适合自己需要,是人和人类社会存在和发展的基础。从经济学角度,他强调劳动是人与自然之间的物质变换过程,是人类改造自然的物质活动,是满足人的需要、创造物质价值的活动。

1. 劳动是人类劳动力的耗费

人类劳动的形式是无限的多种多样的,马克思曾经举例说:"如果把生产活动的特定性质撇开,把劳动的有用性质撇开,生产活动就剩下一点,它是人类劳动力的耗费。尽管缝和织是不同性质的生产活动,但二者都是人的脑、肌肉、神经、手等的生产耗费,从这个意义上说,二者都是人类劳动,是耗费人类劳动力的两种不同形式。""作为使用价值的上衣和麻布是有一定目的的生产活动同布和纱的结合,而作为价值的上衣和麻布,不过是同劳动的凝结。同样,这些价值所包含的劳动之所以算作劳动,并不是因为它们同布和纱发生了生产的关系,而只是因为它们是人类劳动力的耗费。"那么什么是劳动力呢?马克思说:"我们把劳动力或劳动能力,理解为人的身体,即活的人体中存在的,每当人生产某种使用价值时运用的体力和智力的总和。"也就是说劳动力(包括体力和智力)的耗费,是劳动的最本质的属性。区别劳动和非劳动的界限,就是看它是否具有人类劳动力的耗费这一本质属性。

【互动探索】

讨论:人们使用劳动工具进行的精神创造活动,如音乐家创造交响乐的活动、歌唱家在音乐会上的演唱等,是否是劳动呢?

2. 人类劳动创造物质财富和精神财富

劳动是劳动力(包括体力和智力)的耗费。任何一种形式的劳动都一定包括体力和智力上的共同耗费。所谓智力上的耗费,在一定程度上指明人类劳动是有意识有目的的劳动。但是我们在理解人类劳动时不能只关注意识性和目的性。因为,有些动物的活动也是有意识有目的的,比如觅食;人类有意识有目的的活动也并不都是劳动,比如看电影、旅游等消遣性的活动。所以能够称之为劳动的必须是创造某种物质财富或精神财富的有意识有目的的活动。

3. 劳动是人类生存和发展的最基本的条件

恩格斯指出,人们需要吃、喝、住、穿,所以首先必须劳动,然后才能争取统治,从事政治、宗教和哲学等。马克思说:"劳动作为使用价值的创造者,作为有用劳动,是不以一切社会形式为转移的人类生存条件,是人和自然之间的物质交换即人类生活得以实现的永恒的自然必然性。"劳动在历史唯物主义中的地位和作用由此可见一斑。

综上所述,劳动的定义可以总结为:劳动就是人类耗费一定的劳动力进行的有意识有目的地创造物质财富和精神财富的活动,是人类生存和发展的最基本的条件。

(二)劳动的特征

1. 劳动具有目的性和规律性

目的性是劳动首要的和基本的特征,这一特征把人类的活动从一般的动物的本能活动中提升出来。动物为了生存需要由自然选择巩固下来并通过遗传留下来的本能,是经过长期的进化过程而形成的。而人类的劳动是有意识有目的的活动,在劳动开始时就已经在劳动者的头脑中以观念的形式存在了,它贯穿和渗透于整个劳动过程及其结果之中。没有明确的劳动目的,活动则开展不起来,即便是活动开展起来,也会因为得不到目的的引导和缺少适当的工具和方法,得不到应有的结果。

另一方面,劳动是为了满足人的种种需要而进行的有目的的活动。人按照自己的愿望改造自然,使自然发生了有利于人的改变。大自然中原本没有人类直接需要的一切,人类通过改造自然在劳动中创造财富。这时的劳动必须是合乎客观规律的,否则劳动的目的性很难实现,即使实现了也要付出沉重而惨痛的代价。20 世纪出现的世界性的环境危机、能源危机已经深刻地证明了这一点。在认识并遵循客观规律的前提下,人类必须在时代提供的各种现实条件基础上确定适当的劳动目的,使劳动向着更有利于人类整体的方向上发展。

2. 劳动具有自然性与社会性

自然界是人类劳动的重要对象,人们必须先生活才能谈创造,为了生活,首先就需要吃、喝、住、穿等,因此人类的第一个历史活动就是生产满足这些需要的物质资料,即生产物质生活本身。这从一定程度上反映了人的劳动具有自然性。

人的劳动对象不仅仅局限于自然界的范围之内,随着人类整体素质的提升,人类也必将以更加宽广的视野,在更大的范围内以更加自觉的行动调节人与自然之间、人与人之间、人与社会之间的关系。与物质生产劳动相比,精神劳动、处理社会关系的劳动、服务劳动等非物质生产劳动更能体现人的本质的活动。这些非物质生产劳动反映了人的劳动的社会性。

3. 劳动具有系统性和动态性

在劳动过程中,仅有劳动力是不够的。劳动本身由劳动者、劳动资料和劳动对象等多种因素组成。劳动是劳动系统的运行过程,这个过程就是劳动的主体和客体有机结合的过程。现实中既不存在没有劳动主体的劳动,也不存在没有劳动客体的劳动。这是劳动系统性的一方面。另外,劳动的主体和客体要在劳动目的的指引下按一定的关系有机地结合并活动起来,这种结合是在特定的社会环境中进行的,按照所在的社会环境的大小可以把劳动系统地分为不同的层次:从整个社会来看,劳动表现为不同部门的劳动;从同一个劳动部门来看,劳动表现为不同单位的劳动;在同一个单位,劳动表现为具体分工不同的劳动。这是劳动的系统性的另一方面。随着社会的发展,不同的部门、不同单位、不同分工的劳动呈现出融合之势,这使得劳动系统越来越复杂。

劳动系统是动态而不是静态的。劳动要素如果是静态的,劳动就仅是潜在的或已经完成的劳动。只有为了一定劳动目的使劳动要素按照一定比例有效地活动起来,劳动才是现实的劳动。劳动的动态性还体现在,在不同的时代和不同的发展阶段,劳动要素内在结构显现出不同的特点。在不同的时代,劳动者的素质有高低之分,劳动资料也有先进与落后之别,劳动对象的范围亦有大小的不同。同时,从技术层面上看,劳动要素的配置、分工和组织,在各个时代差别也很大。从社会组织层面上看,劳动者与劳动资料的结合在不同的社会形态甚至在同一社会形态的不同发展阶段也各具特点。

4. 劳动具有继承性与创造性的特征

动物的活动具有重复性的特点,如蜜蜂建筑蜂房、蜘蛛结网、蚂蚁筑窝、水獭围堰……千百年来动物们一直固守着专属于自己的活动方式,所以动物不会主动地去影响周围的世界。从这个意义上讲,人类的劳动,也在一定程度上具有这种简单的重复性,这突出地表现在人类的劳动所具有的继承性特点。这种继承性的特点还表现在,人的劳动受着自然的、社会的和人自身的确定的前提、条件的制约。他们无法随便选择劳动条件,只能在从过去继承下来的和时代所能提供的各种条件下,在特定的社会关系中,进行着自己的创造。

而另一方面，人类的劳动又不仅仅是简单的重复性的活动，它在继承性的基础上表现出与动物的活动所不同的创造性。从古至今，人类的劳动方式发生了翻天覆地的变化。从以木棒、石器为劳动工具进行简单的劳动，到铁器的应用，到劳动过程的机器化，再到"无人工厂"的出现；从基于性别和年龄基础上的自然分工，到简单的劳动分工，再到今天日益细化而复杂的社会化分工和协作；从简单的体力劳动到体力劳动与脑力劳动的分离，再到二者的融合。这一切充分显示了不同时代人类劳动不是在同一个水平上进行的，劳动方式的发展变化体现了劳动本身的创造性。

同时，劳动的继承性与创造性是辩证统一的，劳动是重复劳动和创新劳动的统一体。一个劳动过程，对前一个劳动过程显示出创新性特点，而又是后一个劳动过程的继承条件。劳动的这种继承性和创造性的统一，使劳动表现为一个进化的链条。

（三）劳动的本质

自然界不会自动地满足人的各种需要，人的生存发展只有凭借劳动来满足。自然需要、社会需要和精神需要驱使人们充分发挥自身的积极性、主动性和创造性，对能够满足人类需要的客体进行改造。

第一次改造是在思想观念中的改造，也就是对客体表现出来的种种现象进行加工，提取出关于客体内在规律的认识。然后依据这些规律性认识和自身的合理需要确定实践观念，即行动目的及行动的方案。第一次改造主要是观念形态的，主要是自然的人化过程，亦即脑力劳动过程。这个过程使人明显超越了动物界的各种动物，把人从动物界中提升出来。虽然这种改造只能满足人求知和审美等精神性需求，而不能满足依赖于物质资料的各种需要，但却为第二次改造，即主体对客体的实际改造提供了不可或缺的前提条件。

第二次改造除了依赖于第一次改造的成果——行动方案外，还须有较高素质的劳动者、充足的物质条件和社会条件。这是一次意义更加重要的改造。在这次改造中，劳动的主要形态是各种实践。这次改造的突出之处在于实现了精神变物质的外化过程，即人的自然化，外界自然被烙上了人类劳动的痕迹，人类智慧实现了观念形态向物质形态的转变。第二次改造的重要意义在于它不仅创造出实际满足人的各种物质需要的条件，而且也创造出满足人的非物质需要的条件。

无论第一次改造还是第二次改造，都突出地体现了人类劳动的创造性本质。

二、劳动的分类

依据不同的划分标准，劳动可以划分为不同的种类。

（一）体力劳动与脑力劳动

根据劳动主体所耗费的劳动力的形态不同,可把劳动分为体力劳动与脑力劳动。尽管劳动同时耗费体力和脑力,但也会有侧重。如果劳动的耗费以体力为主,则这种劳动是体力劳动;如果劳动的耗费以脑力为主,那么这种劳动就是脑力劳动。

要注意的是:体力劳动与脑力劳动的分离不是从来就有的,也不会永远持续下去。在两者分工之前,人类社会的脑力劳动与体力劳动往往由同一个人来承担。人类劳动力的耗费呈现的是融合而不是分离的状态。同样,在未来理想社会中,人类劳动力的耗费也会呈现出有机融合状态,只不过这时的劳动应已成为实现人类自由而全面发展的劳动。

（二）简单劳动与复杂劳动

根据同一时长内劳动力耗费的多少的不同,劳动可分为简单劳动与复杂劳动。按照劳动对劳动主体的知识、经验和技能的要求,以及劳动主体所实际耗费的劳动力即体力或脑力的量的不同,对劳动主体的要求较低,所耗费的劳动力较少的是简单劳动;对劳动主体的要求较高,所耗费的劳动力较多的是复杂劳动。

什么劳动是简单劳动,什么劳动是复杂劳动,往往是约定俗成的,在不同的社会或不同的发展阶段定义不同。二者因不同的社会或不同的发展阶段可能会相互转换,一个社会或一个发展阶段的复杂劳动到了另一个社会或另一个发展阶段则可能变成简单劳动,反之亦然。

（三）直接劳动与间接劳动

根据劳动主体作用于劳动对象的方式不同,可把劳动分为直接劳动与间接劳动。在直接劳动中,劳动主体处于生产第一线并直接作用于劳动客体;在间接劳动中,劳动主体并非处于生产第一线。劳动主体作用于劳动对象的方式是间接的,劳动主体或者以精神的方式在头脑中提前对劳动对象进行观念的改造,或者对处在生产第一线的劳动者进行管理,或者对劳动资料进行维护。间接劳动在劳动主体与劳动客体之间比直接劳动有更多的中介环节。直接劳动创造价值,间接劳动不能直接创造价值。

（四）物质生产劳动、精神生产劳动、服务劳动与社会公务劳动

根据劳动目的和劳动结果的不同,可把劳动划分为物质生产劳动、精神生产劳动、服务劳动和社会公务（公益）劳动。

物质生产劳动是以取得物质产品为目的和结果的劳动,精神生产劳动是以取得精神文化产品为目的和结果的劳动,服务劳动是提供劳动服务的劳动,社会公务（公

益）劳动是不以盈利为目的、提供劳动服务的劳动。

（五）常规劳动与创新劳动

根据劳动主体作用于劳动客体的方式不同，可把劳动分为常规劳动与创新劳动。

利用已有的知识、经验和技能，以常规方式对劳动对象进行加工或改造的劳动是常规劳动，而运用新设计、新方法、新技术和新知识，以创新方式对劳动对象进行加工或改造的劳动是创新劳动。

实际上，在人类社会历史中，劳动形态是随着时空的变化而变化的。简单地说，劳动形态经历了由体力劳动为主向脑力劳动为主，由简单劳动为主向复杂劳动为主，由直接劳动为主向间接劳动为主，由物质生产劳动为主向精神生产劳动和服务劳动为主，由以常规劳动为主导向以创新劳动为主导的演变。而这些变化趋势的原因主要是科学技术的发展与生产力的进步。

江泽民同志在十六大报告中指出，"不论是体力的或是脑力的劳动、简单的或是复杂的劳动，只要是对我国社会主义现代化建设有益的劳动，都是光荣的，理应得到承认和尊重"。胡锦涛同志在2005年全国劳动模范和先进工作者表彰大会上的讲话中重申十六大精神强调劳动的"两个一切"，提出"尊重和保护一切为社会主义现代化建设做出贡献的社会各阶层劳动人民，一切有益于人民和社会的劳动"。

随着社会分工越来越精细，劳动的内涵和范围也随之不断被拓宽和深化，以人工智能为代表的新科技革命的崛起，创新劳动这一新的劳动类型应运而生。习近平总书记重申"两个不论"和"两个一切"，即"在我们社会主义国家，一切劳动，无论是体力劳动还是脑力劳动，都值得尊重和鼓励；一切创造，无论是个人创造还是集体创造，也都值得尊重和鼓励"，强调职业没有高低贵贱之分，任何劳动都无比光荣。无论时代如何发展、社会如何变化、劳动分工如何细化、岗位如何差别化，只要契合"两个一切"和"两个不论"的劳动，都是光荣的、崇高的、伟大的，都应该得到尊重和认可。

三、劳动的价值

劳动在人和人类社会中具有重要的价值。

（一）劳动的本源价值

世界历史是由劳动创造的，人类社会发展和进步是依靠劳动来推动的，人的全面发展是依靠辛勤劳动实现的。正如马克思所说："劳动是一切价值的创造者，只有劳动才赋予已发现的自然产物以一种经济学意义上的价值。"这是劳动的本源价值。在新时代，大学生要结合时代背景，结合习近平总书记对劳动的重要论述，深刻且全面地认识劳动的价值,认识到中华人民共和国自建立以来,取得的伟大成就都是由中国人民辛勤劳动创造的,要懂得珍惜劳动人民所创造的劳动成果,珍惜今天的幸福生活。

(二)劳动的育人价值

劳动对个人的发展具有促进作用,能够涵养奋斗精神、锤炼品格、磨炼意志、培养良好品德等。总的来说,劳动能够树德,劳动能够增智,劳动能够强体,劳动能够育美,这就是劳动的育人价值。

我们党历来重视劳动的育人价值。马克思指出:"未来教育对所有已满一定年龄的儿童来说,就是生产劳动同智育和体育相结合的教育,它不仅是提高社会生产的一种方法,而且是造就全面发展的人的唯一方法。"他还强调,生产劳动和教育的早期结合是改造现代社会的最强有力的手段之一。列宁非常重视生产劳动对青年一代的教育作用,在他看来脱离了生产劳动而仅仅依赖书本知识的学习,不可能取得有实效的作为。他指出:"没有青年一代的教育与生产劳动的结合,未来社会的理想是不能想象的。"毛泽东提出要设立校办工厂、农场,并开设生产劳动和技术课程,因为"几千年来,都是教育脱离劳动,现在要教育劳动相结合,这是一个基本原则"。邓小平强调劳动教育在促进青少年发展中的作用,"为了培养社会主义建设需要的合格人才,我们必须认真研究在新的条件下,如何更好地贯彻教育与生产劳动相结合的方针"。习近平总书记突出强调了劳动教育在社会主义建设者和接班人培养中的基础性作用。2013 年 5 月 29 日,他在北京市少年宫参加"快乐童年 放飞希望"主题队日活动时指出,"生活靠劳动创造,人生也靠劳动创造,少年儿童从小就要树立劳动光荣的观念,通过劳动播种希望、收获果实,也通过劳动磨炼意志、锻炼自己。"

新时代大学生要正确认识劳动的育人价值,树立正确的劳动价值观念。在动手实践、出力流汗中播撒崇尚劳动的种子;在接受锻炼、磨炼意志中涵养艰苦奋斗的精神;在扎根大地的劳动中展现风采、感受快乐、实现成长,真正从内心和行为深处接受和完成育人过程,让通过劳动来推动经济社会发展、创造美好幸福生活的观念,真正成为人们特别是青少年的共同心声和普遍追求。

(三)劳动的实践价值

劳动虽然有各种形态不同的分类,但任何劳动都是有价值的,且都是在为社会的发展和进步做出贡献的,在现实的实践中,我们需要平等看待所有形式的劳动,尊重所有类型的劳动及劳动者,构建和谐的劳动关系,构建和谐的社会,这就是劳动的实践价值。

1.尊重劳动和劳动者

尊重劳动首先要尊重在一切劳动形式下从事劳动的主体——劳动者。一个民族,如果劳动者、劳动创造没有地位,是没有前途的,劳动没有高低贵贱之分,在法律的天平上,劳动者的身份是平等的,不存在身份上的差别。只有确立这样的劳动判断标准,才能实现公平对待不同形式的劳动,才能实现对待包括农民工在内的普通劳动者和从事复杂劳动的劳动者的一视同仁。

了不起的人
致敬一直保护着我们的英雄们

当前,社会上出现了一些不重视劳动、不尊重劳动者的现象,功利心态和投机倾向有所抬头,不少人不愿意从事具体劳动,期望不通过踏实劳动而一夜暴富,这不利于重视劳动、尊重劳动者、鼓励劳动创造风气的保持,不利于劳动者正确思想道德观念的形成和树立,甚至给社会和谐稳定埋下隐患。对此,我们要保持足够的警惕和清醒。

2. 坚持分配正义

2020 年 5 月 11 日，中共中央、国务院在《关于新时代加快完善社会主义市场经济体制的意见》里明确提出，坚持多劳多得，着重保护劳动所得，增加劳动者特别是一线劳动者的劳动报酬，提高劳动报酬在初次分配中的比重，在经济增长的同时实现居民收入同步增长，在劳动生产率提高的同时实现劳动报酬同步提高。健全劳动、资本、土地、知识、技术、管理、数据等生产要素由市场评价贡献、按贡献决定报酬的机制。

公平正义不仅是一种价值观念和伦理要求，也是一种现实的需要。经济与社会的发展既要依靠人民群众，也是为了人民群众。经济发展根本目的在于改善民生，让劳动者共享改革发展成果，促进社会公平正义，这也是社会主义生产的内在要求。实现在共建中共享，是为了在发展生产力的同时，保护生产力；促进在共享中共建，是为了通过保护生产力更好地发展生产力。劳动者理当享有由他们亲手创造的一切改革发展成果，做到多劳者多得、技高者多得，这是最基本、最朴素的辩证法，也是应该遵循的最现实、最合理的社会法则。

3. 构建和谐劳动关系

党的十九届四中全会通过的《中共中央关于坚持和完善中国特色社会主义制度、推进国家治理体系和治理能力现代化若干重大问题的决定》强调要"健全劳动关系协调机制，构建和谐劳动关系，促进广大劳动者实现体面劳动、全面发展"。

这是因为不论从事什么职业的劳动者，都具有自己应当享有的法定权益。劳动关系是生产关系的重要组成部分，是最基本、最重要的社会关系之一。劳动关系的和谐，不仅直接关系到企业的发展和广大员工利益的实现，而且关系到社会的和谐稳定与发展进步，影响并决定着一个社会和谐的程度。广大劳动者是建设中国特色社会主义的主力军，广大企事业单位是推动我国经济发展的重要力量，构建和谐的劳动关系，是增强党的执政基础、巩固党的执政地位的必然要求，也是广大劳动者实现体面劳动，最终达到人的自由而全面发展的必然选择。

【拓展探究】

	姓名		学号		班级	
1	问题:你参加过劳动吗? 是体力劳动还是脑力劳动? 你认为体力劳动和脑力劳动,哪一类劳动对社会贡献更大?					
	思考作答:					
2	问题:有人说劳动是为了养家糊口;有人说劳动是为了自身发展;有人说劳动是为了社会进步。请问你认为劳动有哪些价值?					
	思考作答:					
3	问题:劳动的育人价值在你个人身上有什么体现吗?					
	思考作答:					
教师评语						

第二节　马克思主义劳动观

马克思站在无产阶级的立场上,在批判性继承前人劳动思想的基础之上,以现实的劳动关系为对象,深刻阐明了劳动之于人类社会发展的本源性意义。马克思的思想体系从某种程度上讲,都是围绕着劳动问题展开的。马克思主义劳动观的诞生,是人类劳动学说史上的一座里程碑,它第一次全面阐述了劳动在人类社会发展史上的决定性作用。

材料一:

马克思在《德意志意识形态》中指出,"我们首先应当确定一切人类生存的第一个前提,也就是一切历史的第一个前提,这个前提是:人们为了能够'创造历史',必须能够生活。但是为了生活,首先就需要吃、喝、住、穿以及其他一些东西。因此,第一个历史活动就是生产满足这些需要的资料,即生产物质生活本身。"

材料二:

马克思在《1844 年经济学哲学手稿》中指出:"整个所谓世界历史不过是人通过人的劳动而诞生的过程,是自然界对人来说的生成过程。"

一、劳动是人的本质存在

保障和维持生命是人的存在前提。通过生产劳动,人类不断地作用于外在自然界,从自然界中获取各种必需的物质生活资料,以保障人的生命存在、维系人的基本生活。可以说,劳动是决定人类生存和整个社会生活的首要条件。在生产劳动的过程中,这种持续不断的物质变换活动又使人获得了与自然界持久的意义关联。人们不断地认识自然、改造自然,从而为人类的生存和繁衍创造更为有利的条件,使人的存在基础更加牢固,存在形式更加多样化,存在范围更加广阔。因此,劳动不仅满足了人的基本生存需要,同时也是人获得多样化、合理性存在形式的基础。

(一)劳动使人从根本上区别于动物

马克思认为,人与动物之间的根本区别正是在于劳动,也就是改造自然、征服自然的能力。人的存在不同于动物,动物是同一性的自然存在,而人是区别性的对象化存在。作为有生命的个体,自然赋予了人和动物同样维持生命的禀赋和能力。但动物不能把自己同自己的生命活动区别开来,人则使自己的生命活动本身变成自己的意志和意识的对象。动物本能的实现过程也就是生命活动的开展过程。因此,动物是与自然界融为一体的天然存在。而人类这种有意识的生命活动就是"劳动",它是人区别于动物的最为独特的规定。通过劳动,人们不仅可以展现自我意识,还可以跳出本能活动,认识、改造自我和对象。在这个过程中,劳动不仅仅作为满足人类基本需求的生存手段,还能展现人的主体性和能动性。人通过对象化的劳动确证了从根本上区别于动物的主体性,同时在改造对象世界的过程中创造和发展人的自身。

(二)劳动推动人的发展和进步

劳动是人类赖以生存、发展的决定力量。恩格斯的《自然辩证法》给了我们启示,在人类的起源意义和进化意义上,是劳动创造了人的本身。在劳动的直接推动下,人类经历了从早期猿人到晚期智人的发展过程。劳动促使人类的脑量不断增大优化,使人类体态特征越来越区别于猿而近似于现代人。从人类开始制造工具,劳动就将人和动物区别开来,人便成为真正的人。

随着劳动工具日益改进和多样化,人类的物质生活逐渐丰富起来。随着劳动的发展,不同时代不同水平的劳动方式还将在更高级的阶段上不断推动人的发展和完善。

二、劳动创造了人类历史

人类历史是在一定的社会形式中由劳动展开的历史。马克思、恩格斯认为人类社会的全部历史是以生产劳动为起点,只有人类的生产劳动才真正构成了人类历史的基础。劳动不仅揭示了人类历史的产生,还影响着整个人类历史的未来发展。

(一)劳动创造出推动历史发展的根本基础

马克思认为,整个人类历史是通过人的劳动而诞生的过程。人类历史的第一个前提是必须有生命的存在。人们为了维持生命,首先就需要衣、食、住、行。因此第一个历史活动就是生产满足这些需要的资料,即生产物质生活本身。劳动作为人类的第一个历史性活动，创造了一切历史的基础条件——物质资料生产，有了人类的劳动，有了满足人类生存必需的前提，才产生了生活和历史。马克思从唯物主义立场出发，充分肯定了劳动对于整个人类和人类历史的重要意义。此外，一切历史的基础条件——物质资料生产实际上就是劳动的实现形式，生产方式即是劳动方式与劳动组织的统一，构成生产力与生产关系的核心因素就是生产中的劳动能力与劳动关系。可见，在物质资料生产过程中由生产力和生产关系所构成的经济基础在本质上也就是由劳动所决定的。因此，劳动奠定了人类历史的根本基础。

（二）劳动决定了未来历史的走向

人类从简单劳动走向复杂劳动，从群体劳动走向雇佣劳动；劳动的发展状态决定着人类从原始社会、奴隶社会、封建社会、资本主义社会到社会主义社会的逐步过渡。劳动制约和影响着整个社会形态的更替和发展，可以说，人类发展的历史就是劳动发展的历史。因此，未来整个人类对劳动的掌握状态和发展程度将决定未来社会的发展与走向。

习近平总书记指出，"劳动是推动人类社会进步的根本力量""实现我们的奋斗目标，开创我们的美好未来，必须紧紧依靠人民、始终为了人民，必须依靠辛勤劳动、诚实劳动、创造性劳动"。这些论述深刻阐释了劳动创造的重要意义，重申和强调了劳动创造的历史价值，丰富和发展了马克思主义劳动观。因此，劳动不仅创造了人类，而且创造了社会，并推动着社会历史向前发展。正是站在这一理论高度上，习近平总书记深刻指出，"人民创造历史，劳动开创未来。"从马克思的"劳动是任何一个民族存在和发展的基础"到习近平总书记的"劳动开创未来"，都进一步揭示了劳动与社会发展的本质联系。

三、劳动是创造价值和财富的源泉

（一）劳动是商品价值的唯一源泉

马克思认为一切有价值的商品都是建立在劳动创造的基础上的。价值是凝结在商品中的一般的、无差别的抽象劳动。马克思将抽象劳动的价值视为商品价值的一般尺度，而劳动的自然尺度则是劳动时间。所以商品的价值可以用抽象劳动的时间量来进行衡量，也就是说商品的价值是由耗费于该商品中的劳动数量和劳动量决定的。这表明商品的价值是由劳动产生，劳动是商品价值的唯一源泉。

（二）劳动是社会财富的源泉

社会财富是指进入社会生产、生活领域具有使用价值和价值的物质。马克思在《哥达纲领批判》中指出，劳动只有作为社会的劳动才能成为财富的源泉，在社会中创造劳动主体的物质与精神财富。社会财富的来源无非有两个，一是自然恩赐，如土地、水、矿产等，它们天然存在，并不以人类的意志为转移；二是人类的辛勤劳动。人类的劳动必然建立在自然基础之上，但人类通过知识、智慧进行科技创新，加之辛勤劳动，可以改善自然财富的属性或提高效率。所以说，劳动在社会财富的创造过程中发挥着重要的作用。社会财富具有使用价值和交换价值这两个基本属性，从社会财富的使用价值方面来说，财富来源于不同生产领域的各种特殊形态的具体劳动；从社会财富的价值方面来说，则来源于劳动者的抽象劳动。

四、劳动是推动人全面发展的实践途径

马克思指出，在资本主义制度下，本应是"自由自觉的活动"的生产劳动被异化成"仅仅维持自己生产的手段"。劳动异化毁灭了劳动者自由自觉的本质属性，阻碍了劳动者身心健康的全面发展，成为人的解放的主要障碍。

马克思主义认为，劳动的发展是实现人自由全面发展的根本基础。在合理的社会制度下，人们应该消灭旧式的社会分工，消灭异化劳动，每个有劳动能力的人都要参与劳动，学会劳动，将体力劳动与脑力劳动相结合，使其自身达到协调全面的发展。在未来社会，一切人都要劳动，劳动为人创造全面发展和自我实现的机会。劳动不再仅仅是人们维持生活的谋生手段，也是人们满足精神生活，实现全面发展的重要途径。

马克思主义劳动观，从现实社会出发，深刻阐述了劳动的内涵与价值。马克思主义劳动观不是一成不变的，随着时代的进步、社会环境的变化，马克思的劳动观也呈现出动态式发展的过程，透过马克思主义劳动观对中国当代的影响，更能深刻体会中国今天取得伟大成就的内在原因。当前正是全党和全国各族人民为实现"两个

一百年"奋斗目标努力拼搏的关键阶段,深刻理解马克思主义劳动观,深入体会马克思主义劳动观对中国发展广泛而深刻的影响,不仅有助于大学生树立正确的劳动观念,促进大学生德智体美劳全面发展,更有助于全社会形成劳动光荣、创造伟大的价值取向,对中国社会主义发展,具有时代价值和现实意义。

【拓展探究】

姓名		学号		班级	
1	问题:学习马克思主义劳动观能为你带来哪些思想上的转变？				
	思考作答:				
2	问题:你是否认同劳动是推动人全面发展的实践途径？ 为什么？				
	思考作答:				
3	问题:你认为马克思主义劳动观对社会的发展和进步有什么影响？				
	思考作答:				
教师评语					

第三节　新时代大学生应具备的劳动观

劳动观，是人们关于劳动对人类和人类社会自身需要的满足程度的根本看法，以及对于劳动和劳动者的基本态度。劳动观的形成会受到时代、传统文化、所处社会关系等多种因素的影响。作为新时代社会主义建设者和接班人的大学生们应该具备怎样的劳动价值观呢？

材料一：

2015年4月28日，习近平总书记在庆祝"五一"国际劳动节暨表彰全国劳动模范和先进工作者大会上指出："伟大的事业需要伟大的精神，伟大的精神来自于伟大的人民。我们一定要在全社会大力弘扬劳模精神、劳动精神，大力宣传劳动模范和其他典型的先进事迹，引导广大人民群众树立辛勤劳动、诚实劳动、创造性劳动的理念，让劳动光荣、创造伟大成为铿锵的时代强音，让劳动最光荣、劳动最崇高、劳动最伟大、劳动最美丽蔚然成风。"

材料二：

2018年9月，习近平总书记在全国教育大会上指出："要在学生中弘扬劳动精神，教育引导学生崇尚劳动、尊重劳动，懂得劳动最光荣、劳动最崇高、劳动最伟大、劳动最美丽的道理，长大后能够辛勤劳动、诚实劳动、创造性劳动。"

中国进入了新时代，当代大学生要树立正确的劳动观，才能更好地担负起建设中国特色社会主义的重任，才能成为实现中华民族伟大复兴中国梦的接棒者。新时代大学生应具备的劳动观主要包括四个方面：劳动最光荣、劳动最崇高、劳动最伟大、劳动最美丽。

一、劳动最光荣

劳动最光荣是从肯定劳动者地位的角度出发认识劳动，表达了以劳动者为本的价值取向。从历史唯物主义角度来说，人民群众是历史的创造者，一切的财富和人类历史都是由无数的普通劳动者创造的。我们在任何时候都要高度重视人民群众、重视普通劳动者的地位和作用。社会发展离不开每一位劳动者的创造，不论工人、农民或领导干部，他们都在各自的岗位上为社会的进步和发展添砖加瓦。不管他们从事的是体力劳动还是脑力劳动，是简单劳动还是复杂劳动，只要有益于人民和社会，他们的劳动都是光荣的，都是值得尊重和敬佩的。作为新时代大学生，大学生首先要具备的劳动观就是肯定劳动者的主体地位与现实作用,平等看待各行各业劳动者,懂得尊重劳动、尊重知识、尊重人才、尊重创造。

（一）劳动者是国家的主人翁

劳动创造价值,劳动推动社会发展。一个崇尚劳动、尊重劳动者的社会才是一个富有生机、蓬勃发展的社会。怎样看待劳动、怎样对待劳动者是一个社会性质的重要标志。中国特色社会主义是人民当家做主的社会,工人阶级和劳动群众是国家的主人,是建设中国特色社会主义的主力军。在我们的国家和社会,劳动最光荣、劳动者最伟大,这是我们国家和社会性质的必然要求,任何时期任何人都不能随意抹杀劳动者的主人翁地位。

（二）各行各业的劳动者都值得尊重

尊重劳动者,就要尊重每一种劳动形式。无论体力劳动者还是脑力劳动者,都是社会主义的建设者,都是国家的主人和社会主义建设的主力军,应当被同等尊重。新时代的劳动价值观,对劳动者应一视同仁,让脑力劳动者和体力劳动者能够受到同样的推崇和尊重。虽然他们所从事的劳动和取得的劳动报酬有所差别,但他们都在为实现"两个一百年"的奋斗目标贡献自己的力量,各行各业的劳动者都值得被尊重,都需要肯定其所发挥的作用。

（三）尊重劳动、尊重知识、尊重人才、尊重创造

在四个尊重中，尊重劳动是根本和首要，尊重知识、尊重人才和尊重创造，与尊重劳动具有内在的一致性，是尊重劳动的延续和必然。劳动的本质是创造，没有创造，劳动就只是简单地如动物般地重复，而不能称其为完整意义上的劳动。创造也脱不开劳动，没有劳动，创造就只是空想，而无法落到实处。若要真正地做到尊重劳动和尊重创造，就必须尊重知识和尊重人才。全面贯彻落实四个尊重，才能不断增强全社会的创造活力，才能调动一切因素和力量，构建和谐社会。

对于当前青少年中出现的不爱劳动、不会劳动、不珍惜劳动成果的现象，习近平总书记在全国教育大会上强调，"要引导学生崇尚劳动，尊重劳动，懂得劳动"。同时为充分发挥创新型高素质人才的作用，习近平总书记又在全国职业教育工作会议上特别指出，"要树立正确人才观，着力提高人才培养质量，弘扬劳动光荣、技能宝贵、创造伟大的时代风尚，营造人人皆可成才，人人尽展其才的良好环境，努力培养数以亿计的高素质劳动者和技术技能人才""全社会都要贯彻尊重劳动、尊重知识、尊重人才、尊重创造的重大方针"。

【互动探索】

伴随着改革开放和市场经济的进一步深化，社会分工、阶层分化的不断扩大，资本等非劳动力的生产要素大量参与社会分配的情况日益增多，有些人开始把财富作为人生成功的唯一评价标准，把从事体力劳动看作一种没有体面的事情，因而也看不起农民工、一线工人……

针对这一现象，你是如何理解的？

二、劳动最崇高

劳动最崇高是从劳动者所具备的高尚品质和崇高精神来认识劳动，体现了崇尚劳动的价值原则。劳动者通过劳动，在创造自己的生活资料的同时也在为别人创造更加美好的生活环境。为社会主义建设而奉献终身的劳动者，他们都在用自身行动来诠释劳动是最崇高的。中国共产党更是如此，自从诞生之日起，他就为中华民族的解放、人民当家做主的目标而努力奋斗。当代的青少年在这样的社会熏陶下，都应让劳动最崇高的信念在自己的心里扎下根。没有崇高的劳动信念，就无法实现伟大的目标。在这样的信念的支撑下，让自己在社会主义建设的大路上大步向前，用

劳动崇高来武装自己的头脑,实现自身价值,实现自身在社会中的价值,从而为社会更好地献出自己的一份力量。

(一)要志存高远

个人的命运与祖国的命运是紧密相连的,作为祖国的年轻一代,当代青年应当树立远大理想,紧跟时代的步伐,勇于担当时代责任,将个人梦融入中国梦,将小我融入大我,以奉献祖国和服务人民为目标,在各自的位置上,在劳动和实践的过程中完成梦想,在实现个人人生价值的同时,为实现中国梦增光添彩。

(二)要艰苦奋斗

人世间一切的成就、一切幸福都源于劳动和创造。世上没有坐享其成的好事,更没有不劳而获的成功。要幸福就要奋斗,唯有艰苦奋斗,才能满足人民对美好生活的向往。新时代大学生要刻苦钻研,积极奋斗,练就一身真本领,掌握一手好技术,在奋斗中满足自我,在奋斗中服务他人,在奋斗中实现价值,在奋斗中感受快乐。

(三)要甘于奉献

新时代的大学生自我意识强烈,部分大学生只认识到要通过劳动促进个人发展,实现个人价值,却忽视了衡量人生价值的基本尺度是通过劳动为社会做出了多少贡献。因此大学生要学会奉献,具有奉献意识,要做到先人后己,先集体后个人,先国家后小家,多贡献少索取,重付出轻回报,树立以奉献为荣、以奉献为乐的价值观。

三、劳动最伟大

劳动最伟大是从创造世界历史和人类本身角度出发认识劳动,体现了推崇实践创造的价值意蕴。马克思主义劳动观的基本观点是,劳动创造了人类历史和人本身,对社会的发展和进步具有巨大的推动作用,马克思关于劳动的论述凸显了"劳动最伟大"。在数千年的历史中,正是不懈实践和创造的劳动人民以辛勤劳动将人类文明推动向前。新时代大学生须在大格局、宽视野之下认识劳动的本质与价值,学会辛勤劳动、诚实劳动、创造性劳动,懂得"劳动最伟大"。

(一)劳动是艰辛的

劳动者通过自己的辛勤劳动,创造自己生活所需的物质资料,需要克服在劳动过程中所遇到的各种困难和挑战,纵观历史,在人类的进步过程中没有哪一种进步不需要艰辛的劳动,没有哪一项发明是凭空出现的,没有哪一项理论是自我出现的。人世间的一切幸福都是需要劳动创造,如果都在抱怨劳动的累,就会看不到劳动带给人们物质生活质量的提高和精神世界的满足感。劳动正是在艰辛与忍耐、辛勤与坚持中体现其伟大。

（二）劳动是创造性的

在人类的发展进程中，人类赖以生存的生活环境、人类所建立的物质文明和精神文明都是在创造性劳动的作用下向着人类有利的方向发展。中华民族的巨大飞跃和伟大复兴，没有千百万人的坚持不懈的创造性劳动是实现不了的。只有通过不断实践、不断探索、不断重复、不断创造，才能开创出美好的未来。创造性的劳动成就了中华民族的辉煌成就，也使人们更深刻地感受到了劳动的伟大。

四、劳动最美丽

劳动最美丽是从劳动创造幸福的角度认识劳动，体现了追求美好的价值诉求。幸福不是从天而降，梦想不会主动成真，无论是个人还是国家都需要奋力前行，开创美好的未来，实现属于自己的梦想。劳动创造美，不只是因为劳动者最终创造出的劳动产品，还在于劳动是幸福的源泉。新时代大学生需要建立劳动幸福观，在劳动的过程中塑造出美丽心灵和高尚品格。

（一）劳动创造幸福

劳动是创造价值的唯一源泉，也是创造财富和幸福的源泉。劳动创造了物质财富，从茹毛饮血到现代文明，人类不断创造出的物质财富，满足着人们对物质生活的需要和美好生活的向往。劳动还创造着精神财富，从语言到文字，从诗歌到艺术，劳动推动了人类文明的发展，使人们在劳动中体验着快乐，丰富了思想。在劳动的过程中，人们通过创造物质财富和精神财富，打造了人类幸福生活的基本条件，同时收获幸福和快乐。

劳动创造幸福
奋斗成就梦想

5·1 国际劳动节

【互动探索】

价值澄清:劳动是幸福的源泉

1. 活动目的

采用价值澄清模式,帮助大学生树立正确的劳动价值观。

2. 活动准备

以班级为单位,随机分为若干小组(1 组 10 人为宜)。

3. 活动步骤

阶段	任务	步骤	注意事项
第一阶段	选择	(1)以小组为单位进行讨论:劳动是幸福的吗 (2)每名同学选择并确定自己的观点:劳动是幸福的或劳动是不幸福的(不劳动是幸福的)	(1)此为自由选择阶段,教师应保持中立,不做价值判断 (2)组内成员的观点可以一致,也可以不一致
第二阶段	珍视	(3)重新确认自己的观点,并考虑清楚做出选择的原因及可能出现的结果 (4)珍视自己的观点,并向组内公开,积极与其他组员进行交流和分享	
	行动	(5)以宿舍整理为实践场地,践行自己的观点(持"劳动是幸福的"观点者,打扫所在宿舍卫生;持相反观点者,可不用参与宿舍整理)	此阶段可持续 1~2 个月
第三阶段	汇报	(6)收集室友对自己行动阶段的行为的反馈 (7)汇报自己行动阶段的感受	态度要真诚,可采用匿名、第三方收集的方式进行,确保反馈结果真实
	澄清	(8)以小组为单位,根据行动阶段的感受和反馈,再次讨论:劳动是幸福的吗 (9)教师进行价值澄清和引导:劳动是幸福的源泉	

续表

阶段	任务	步骤	注意事项
第三阶段	确认	(10)学生再次确认价值选择(观点),并树立正确的劳动价值观:劳动是幸福的源泉	(1)此为自由确认阶段,亦即学生自行认同并确认价值选择(观点) (2)教师不能简单强制规定所有学生必须持同样观点,若有学生持不同观点可再次甚至多次进行价值澄清

4.活动总结

劳动和创造是幸福的源泉。对于当代大学生而言,要真正领会"幸福是奋斗出来的"内涵与意义。真正的幸福不是浅层的肢体快乐,而是通过劳动创造实现人的全面发展。大学生只有亲身参与和体验才能获得劳动的幸福感和获得感。

(二)劳动创造美

劳动也是创造美的源泉。崇高的职业修养、忘我的奉献情怀、高超的职业技能、伟大的工匠精神,让人们体会劳动者的品格之美;在劳动创造中获得的知识、取得的成就,让人们体会劳动产品的实践之美;在改造自然、征服自然中获得的成就体验和自我发展,让人们体会劳动过程的创造之美。劳动唤起了人们对美的意识,对美好生活的感知,让人们感受着劳动创造美的审美愉悦。在劳动中,人们凝结了思想、沉淀了智慧、丰富了情感、塑造了品格,这些都是劳动创造了美的有力证明。

【互动探索】

"民生在勤,勤则不匮",劳动是财富的源泉,也是幸福的源泉。"夙兴夜寐,洒扫庭内",热爱劳动是中华民族的优秀传统,绵延至今。可是现实生活中,有一些同学不理解劳动,不愿意劳动。有的说:"我们学习这么忙,劳动太占时间了!"有的说:"科技进步这么快,劳动的事,以后可以交给人工智能啊!"也有的说:"劳动这么苦,这么累,干吗非得自己干? 花点钱让别人去做好了!"

你是否认可这些思想? 如何看待这些现象?

【拓展探究】

姓名		学号		班级	
1	问题:有人说:"吃饭花的是自己的钱,想怎么点就怎么点。"针对这个问题,你怎么看?				
	思考作答:				
2	问题:你如何看待"劳心者治人,劳力者治于人"这种观点?				
	思考作答:				
3	问题:什么样的劳动会让你觉得幸福呢? 为什么?				
	思考作答:				
教师评语					

第二章　劳动与人生

【学习目标】

（1）树立正确的劳动价值观，理解"奋斗的青春最美丽""奋斗成就最美人生"。

（2）树立正确的就业观，懂得通过劳动锻炼形成职业规划，助推职业生涯，成就职业理想。

（3）理解劳动精神、劳模精神和工匠精神的内涵，弘扬三种精神。

（4）将劳动理念落实为劳动习惯，养成自觉劳动、辛勤劳动和创造性劳动的习惯。

第一节　确立价值观念

劳动观念是指人们对劳动的认识和看法，它主要通过对劳动进行多方面的综合了解，进而促使人们形成一种对劳动的总体认识。劳动观念是决定劳动行为的前提条件，积极向上的劳动观念，可以指导人们做出正确的劳动行为。我们都应从心底里去理解劳动是人类发展和社会进步的根本力量，认识劳动能创造人、塑造人，劳动能创造价值、创造财富、创造美好生活的道理，牢固树立劳动最光荣、劳动最崇高、劳动最伟大、劳动最美丽的观念。

材料一：

习近平总书记在 2018 年春节团拜会上讲道："奋斗者是精神最为富足的人，也是最懂得幸福、最享受幸福的人。"正如马克思所讲："历史承认那些为共同目标劳动因而自己变得高尚的人是伟大人物，经验赞美那些为大多数人带来幸福的人是最幸福的人。"

材料二：

2013年4月28日,习近平总书记来到全国总工会机关,同全国劳动模范代表座谈并发表重要讲话,指出:"必须牢固树立劳动最光荣、劳动最崇高、劳动最伟大、劳动最美丽的观念,让全体人民进一步焕发劳动热情、释放创造潜能,通过劳动创造更加美好的生活。"

一、劳动创造美好生活

美好生活是新时代人们的向往追求,美好生活是美好的物质生活和精神生活的统一,劳动不仅具有提供物质生活资料的物质价值,而且具有提供存在感和尊严感的精神价值。劳动作为最基本的社会实践活动,对于实现新时代美好生活具有基础性作用。

(一)劳动是获得感的基础

从劳动的直接现实性上看,劳动创造着生活,成为人们拥有获得感的必经之路。这是因为创造物质资料是劳动的首要价值,劳动生产着满足这些需要的资料。进入新时代,劳动的物质价值仍属于最基本的属性,即劳动属于创造物质生活资料的活动。新时代劳动的具体内容相对于以往来说发生了些许变化,但是劳动所具有的物质价值不会改变。在温饱阶段,劳动追求的是解决"温饱"和"小康"问题;而在生产力水平较高的情况下,劳动成为美好生活获得感的来源。

(二)劳动提供存在感

从价值哲学范畴来看,要让劳动成为使人拥有存在感的活动,需要人的存在对社会具有积极意义和作用。一个人是否真正的"存在",在于他的生活是否是"有意义的"。在历史唯物主义语境中,这种"意义"就是个体的生活是否对社会有所贡献,当个体没有贡献时,那么,此个体对社会来说就是"存在着的无",也就是存在感为零。由此可见,个人的存在感是通过对社会有所价值和贡献实现的,也就是为社会而劳动,这是个体在社会中得到存在感的重要途径。

(三)劳动是尊严感的来源

马克思用"类本质"的概念将人与动物区分开来,人类作为具有社会属性的类存在者,不能脱离劳动来实现精神价值,即尊严感。这是因为人把自己的生命作为自己意识的对象,人类的生命活动超越了动物的生命活动。而异化劳动仅仅是谋生的手段,劳动分工的存在使劳动成为束缚人的手段,造成人们的痛苦,人们没有丝毫的尊严感。新时代的劳动没有因为分工而限制自由,而这种没有异化的分工恰恰以社会中的劳动过程所形成的尊严感为前提,新时代倡导"劳动光荣""劳动没有高低贵贱之分",这构成了新时代劳动价值观的重要内容,只有坚持这一劳动价值观,美好生活中的尊严感才会实现。

【案例分析】

1996 年,东西部扶贫协作开启壮丽征程,福建与宁夏结成帮扶对子。经过 20 多年脱贫攻坚,作为两省区扶贫协作的示范窗口,闽宁村发展成了闽宁镇,昔日"干沙滩"变成了如今的"金沙滩",从西海固地区搬迁来的 6.6 万生态移民过上了好日子。闽宁镇从无到有、从贫到富,是中国扶贫攻坚伟大工程的一个缩影,是党带领人民群众几十年如一日实干苦干出来的。

（上图为宁夏永宁县闽宁镇建设初期,移民群众在戈壁滩上开荒种田;下图为宁夏永宁县闽宁镇的移民新村原隆村现貌）

思考:

品读案例,引申思考,谈谈劳动的意义是什么?

二、劳动实现人生价值

习近平总书记曾强调,要"在时代大潮中建功立业,成就自己的宝贵人生"。无论是谁,只有通过具体的劳动实践才能将自身的智慧和能量展现出来,实现自己的梦想和人生价值,得到社会和他人的尊重与认可。习近平总书记在 2019 年的新年贺词里指出:"要倾听基层干部心声,让敢担当有作为的干部有干劲、有奔头……要关爱退役军人,他们为保家卫国作出了贡献。这个时候,快递小哥、环卫工人、出租车司机以及千千万万的劳动者,还在辛勤工作,我们要感谢这些美好生活的创造者、守护者,大家辛苦了。"他的这番话,既再现了不同岗位、不同角色的劳动者在自己劳动岗位上拼搏、奋斗的场景,也赞颂了他们默默奉献的精神品质,是对广大劳动者人生价值的充分肯定。人的价值具有二重性,包含了自我价值和社会价值两个方面。而劳动实践是个体之善和社会之善得以共轭的桥梁。创造有价值的人生,需要树立正确的世界观、人生观、价值观,以便更好地指引人生的发展,以积极的态度投身于国家现代化建设,为国家、社会、民族的长远发展和进步做出应有的贡献。

(一)劳动为实现个人价值提供平台

个人价值强调的是对个体需要的满足,对个体和社会具有不可估量的作用,对他人和社会的贡献越大,自己的个人价值也就越大。习近平总书记指出,"幸福不会从天而降,梦想不会自动成真。"这就警示每一个人,必须脚踏实地、真抓实干,通过自己的劳动来满足自身诉求,实现自我价值。

(二)劳动为实现社会价值提供契机

人的社会价值也是不可估量的,是社会存在和发展的必然要求,个人社会价值的实现关乎个体的自我完善和全面发展。习近平总书记曾举例,"天上多了颗'南仁东星',全军英模挂像里多了林俊德和张超两位同志。我们要记住守岛卫国 32 年的王继才同志,为保护试验平台挺身而出、壮烈牺牲的黄群、宋月才、姜开斌同志,以及其他为国为民捐躯的英雄们。他们是新时代最可爱的人,永远值得我们怀念和学习。"这些名字的主人,他们扎根在自己的劳动岗位,奋战在自己擅长的劳动领域,用自己的智慧、才华、生命、执着为国家的强大、社会的安定、人民的幸福做出卓越贡献,既实现了其个人价值,更彰显了其社会价值,是模范榜样,更是时代标杆。

【案例分析】

随着互联网经济的发展,出现了大量的"网络红人"(简称"网红")。他们活跃于互联网上,通过直播、小视频等获得粉丝和资本,还经常被网友"打赏",经济收入极高,可谓"名利双收"。因此,越来越多的大学生认为,寒窗苦读也未必能找到高收入的工作,还不如当"网红",赚钱轻松又不用劳动受累。

思考:

(1)你是如何看待当"网红"的?

(2)你认为是所谓的"名利双收"重要,还是实现个人价值重要?

三、奋斗成就最美人生

(一)幸福都是奋斗出来的

功崇惟志,业广惟勤。习近平总书记指出,"幸福不会从天而降,梦想不会自动成真""幸福都是奋斗出来的""世界上没有坐享其成的好事,要幸福就要奋斗"。这是习近平总书记在新时代为开启新征程、实现新目标而向全体劳动者发出的奋斗召唤。

1.实现每个人的梦想需要奋斗

中国梦是每一个人的梦,新时代是奋斗者的时代。对于个人和家庭而言,美好的生活不可能自动生成,幸福离不开锲而不舍、驰而不息的艰苦奋斗。在人的一生中,青春时期是敢于有梦、勇于追梦、勤于圆梦的最好阶段。无数人生成功的事实表明,青年时代,选择吃苦也就选择了收获,选择奉献也就选择了高尚。只有进行了激情奋斗的青春,只有进行了顽强拼搏的青春,只有为人民作出了奉献的青春,才会留下充实、温暖、持久、无悔的青春回忆;只有奋斗的人生才称得上幸福的人生。

2.实现中华民族的伟大复兴需要奋斗

人类的美好理想,不可能唾手可得,离不开筚路蓝缕、手胼足胝的艰苦奋斗。近代以来,实现中华民族的伟大复兴成为中华民族最伟大的梦想,中国人民以光复旧物的决心、自立于世界民族之林的能力,为实现这个伟大梦想进行了170多年的持续奋斗。今天,我们比历史上任何时期都更接近、更有信心和能力实现中华民族的伟大复兴。习近平总书记强调:"中华民族伟大复兴,绝不是轻轻松松、敲锣打鼓就能实现的。全党必须准备付出更为艰巨、更为艰苦的努力。"只要中国人民团结奋斗、不懈奋斗,就一定能实现中华民族的伟大复兴。

3.构建人类命运共同体需要奋斗

当今世界正处于大发展大变革大调整时期,充满希望,也充满挑战。党的十八大以来,中国高举和平、发展、合作、共赢的旗帜,作为负责任的大国,始终做世界和平的建设者、全球发展的贡献者、国际秩序的维护者,为全球治理体系的改革和建设贡献了中国智慧和中国力量。世界命运掌握在各国人民手中,人类前途系于各国人民的选择,各国人民的幸福生活也需要依靠奋斗实现。构建人类命运共同体,既要达成共识,更要见诸行动,需要各国人民一道,共同奋力创造人类更加繁荣、更加安宁的美好未来。

【案例分析】

2021年2月,一名海底捞练习生晚上在车库偷偷练习甩面的视频上了微博热搜,网友纷纷感叹,总有人在你看不见的角落偷偷努力。只有真真切切学到真功夫的人,才能在这个世界上立足。芸芸众生中,有很多像海底捞练习生一样的人通过自己的劳动追逐梦想、追求人生,也许当时没有立刻带来好的成效,但在日复一日的积累中,终有一日会厚积薄发。

为何一名普通的海底捞练习生引得网友纷纷点赞?

(二)在劳动中实现梦想改变命运

新时代提倡"通过诚实劳动来实现人生的梦想、改变自己的命运,反对一切不劳而获、投机取巧、贪图享乐的思想"。劳动不仅给实现个人梦想提供了努力方向,也锻炼了实现梦想需要的意志和耐力。

1. 劳动为个人梦想的实现提供努力方向

梦想由表现为理念的现实可能性转化为社会现实,一个很重要的途径是通过人们的辛勤劳动。梦想的实现离不开努力付出和辛勤劳动,一切想通过不劳而获走捷径的行为都是行不通的。在当今社会,由于资本、技术等生产要素参与分配,劳动不再是消费品分配的唯一依据,也不再是人们取得财富的唯一来源。这就易导致人们对劳动的轻视,某种程度上消解着劳动光荣的观念。随着市场经济的发展,社会生活中的享受性消费日益突出,部分人把享受当成生活的目的,把享乐当成人的本质,忘记了劳动与奋斗对于人生的意义。

2. 劳动磨炼了实现个人梦想所需的意志和耐力

梦想是与现实相对的词语,梦想的实现需要经过一番艰苦的努力才能变成现实,同时需要具备顽强的毅力和一定的耐心。从认识层面来说,劳动可以提高对主观世界的向内认知,也可以提高对外部世界的向外认知;从行动层面来说,劳动有助于在认识的基础上改造主客观世界。一方面,劳动锻炼意志,锤炼品质,可以增强人在困境和挫折中的抗压能力。在劳动的过程中,人可以充分地发挥聪明才智,认识真正的自己,发掘自我能力和提高耐力;另一方面,劳动培养担当意识。实现梦想需要一步一个脚印,踏踏实实地努力,在劳动中可以调动自身的力量,磨炼顽强拼搏的斗志和奋斗精神,自觉承担起该负的责任,培养吃苦耐劳的品格,为实现个人梦想增添力量。

【互动探索】

宁在宝马车里哭,也不在自行车上笑;钱不够没关系,可以校园贷;"炒房"致富;拆迁致富……当下,在部分大学生群体中有这样的思想。

你是否认可这些思想?如何看待这些现象?

【拓展探究】

姓名		学号		班级	
1	问题:财富标准与成功标准可以画等号吗？为什么？ 思考作答:				
2	问题:一个国家真正的经济支柱是什么？当今社会,劳动还能致富吗？ 思考作答:				
3	问题:你的人生梦想是什么？你的梦想需要奋斗吗？你觉得如何才能实现你的梦想？ 思考作答:				
教师评语					

第二节 认识人生之路

我们今天倡导的劳动不同于一般意义上理解的劳动内容,我们所提及的知识学习、科学实验、社会实践、技能培养等属于浅层次的劳动范畴,从更深层次的角度来看劳动不仅是要深化认识、知行统一、提升技能,还是一种高要求的社会实践,是了解与服务社会不可缺少的活动,而这些内容都离不开人生教育的过程。反过来,劳动对我们的人生发展同样也发挥了重要的促进作用。

材料一:

习近平总书记在庆祝"五一"国际劳动节暨表彰全国劳动模范和先进工作者大会上指出:"全面建成小康社会,进而建成富强民主文明和谐的社会主义现代化国家,根本上靠劳动、靠劳动者创造;劳动是人类的本质活动,劳动光荣、创造伟大是对人类文明进步规律的重要诠释;中华民族是勤于劳动、善于创造的民族。正是因为劳动创造,我们拥有了历史的辉煌;也正是因为劳动创造,我们拥有了今天的成就。"

材料二:

2014 年 4 月 30 日,习近平总书记在乌鲁木齐接见劳动模范和先进工作者、先进人物代表,向全国广大劳动者致以"五一"节问候时表示:"劳动是一切成功的必经之路。当前,全国各族人民正满怀信心为实现'两个一百年'奋斗目标而努力。实现我们确立的奋斗目标,归根到底要靠辛勤劳动、诚实劳动、科学劳动。""劳动是共产党人保持政治本色的重要途径,是共产党人保持政治肌体健康的重要手段,也是共产党人发扬优良作风、自觉抵御'四风'的重要保障。"

一、劳动与人生阶段

劳动是一个循序渐进的过程,也是人类体力智力延伸、拓展的过程,劳动让人学会思考、增进交流合作能力,劳动让人独立自信并且学会创造,劳动让生活的细枝末节融入劳动者的血液中,融入人生发展的每个阶段中。

美国职业规划大师舒伯提出了生涯发展阶段理论,认为生涯发展是发生于各个人生阶段的长期过程,他把人的一生分为五个阶段:

1. 成长阶段(出生—14 岁)

属于认知阶段,在这一阶段,个人通过对家庭成员、朋友以及老师的认同及他们之间的相互作用,逐渐建立起自我的概念。

2.探索阶段(15—24岁)

属于学习打基础阶段,在这一阶段,个人将认真探索各种可能的职业选择,对自己的天资和能力进行现实性评价,并根据未来的职业选择作出相应的教育决策,完成择业及初期就业。

3.建立阶段(25—44岁)

属于选择、安置阶段,其主要任务是根据职业实践,进行自我与职业的统领,确定职业选择是否正确,使其职业能够稳定。这一阶段是大多数人职业生涯周期中的核心部分,是整个人生的高产期。

4.维持阶段(45—64岁)

属于升迁和专业技能娴熟阶段,这一阶段大多数人是维护已获得的成就和社会地位,不再考虑变化职业。

5.衰退阶段(65岁以上)

属于退休阶段,这一阶段根据个体生理与心理机能日益衰退,逐渐从工作岗位退出的特点,协助个体发展新的角色,寻求新的生活方式,来替代和满足个人发展的需求。

舒伯认为每个阶段都建立在前一阶段的基础上,五个阶段紧密相连,每一个阶段能否顺利度过是由环境所决定的。依据舒伯的理论,我们从宏观角度上可以把人生发展阶段规划为三个大的阶段:初级阶段是我们人生发展的青春阶段,是我们培养劳动习惯、劳动认识的萌芽阶段;中间阶段是我们职业发展的起步阶段,是我们建立劳动态度、提升劳动技能的探索、发展和实践阶段;成年阶段是我们职业发展的成熟阶段,是我们劳动和人生的稳定阶段。

劳动在不同的人生阶段中,有不同的目的和不同的价值,但最根本的是通过劳动来实现人的自由全面的发展。

二、劳动贯穿人生教育

(一)劳动是家庭教育的起点

家庭是我们接触最早也是我们受教育时间最长的教育环境。苏联教育家苏霍姆林斯基曾把儿童比作一块大理石,他说把这块大理石塑造成一座雕像需要六位雕塑家:家庭、学校、儿童所在的集体、儿童本人、书籍、偶然出现的因素。在这个排列上,家庭是居于首位的,家庭教育对于人生的影响也是第一位的。

当你还是一个小孩子时,第一次自己穿衣服,第一次刷牙,第一次整理床铺,第一次穿袜子、拖地、洗碗,第一次为家人倒水、擦鞋,第一次倒垃圾等,这些劳动看似简单,但对于你而言都不是一个简单的动作,而是一次有意义的劳动。通过这些劳动,你收获了基本的劳动技能、劳动习惯,甚至建立劳动认知,而这些构成了人生发展的基本内容。因此,家庭教育中的劳动对于个体的人生发展有着重要的引导作用。从这个维度上来看,劳动作为家庭教育的起点,对人产生的影响更加直接,更具有感染力。

(二)劳动是学校教育的重要内容

当前,劳动已经被列为学校教育的重要内容。习近平总书记曾在全国教育大会上强调,"要培养德智体美劳全面发展的社会主义建设者和接班人",这从更高层面上凸显了劳动在学校教育中的地位。学校是学生的主要活动场所,因此学生劳动观的建立、劳动技能的培养都与学校教育有着密切的关系。从主观方面来说,这一时期,学生劳动观的形成受到自身条件的影响,他们在社会经验和阅历方面存在不足,但是又对社会充满了好奇,在面临新鲜事物时容易存在盲目性和冲动性。从客观方面来说,学生跨入校园,走入一个陌生的社会环境,学校不仅教学生如何读书、做人、思考,更重要的是引领学生走向未来的发展。因此,在学校通过科学文化知识和思想道德的教育,可以为学生步入社会积聚知识和力量,为学生提供学习平台、实践平台,使学生步入社会之前不断增强自身的能力、掌握不同的技能,帮助学生对当今社会作出自己的判断和认识,对社会的发展前景和个人未来的发展方向具有相对清晰的思考,从而为建立自己和社会的职业联系和人生发展打下扎实的基础。

(三)社会教育促进劳动走向成熟

社会教育是影响人生发展诸多变量中最复杂、最深刻、最重要的变量。社会环境是一个动态的过程,主要由特定的价值观念、行为方式、伦理道德规范、审美观念、宗教信仰及风俗习惯等内容构成,它影响和制约着人们的观念、需求及特点,购买行为和生活方式,对劳动行为、人生择业产生直接影响。因此,社会教育的内容也会随着这些内容的变化而产生变化。

大学生处于人生的青春期后期,生理上虽已成熟,但心理仍不是很成熟,对人生的认知处于最后定型阶段,可塑性很大。大部分人刚刚在思想和情感上摆脱了对父母的依赖,社会环境作为他们成长的气候和土壤,对他们择业、就业,以及未来的成长方向和速度都起着决定性的作用。在当前社会背景中,社会教育对大学生劳动认知方面的影响反映出来的问题主要表现在:一是劳动价值取向具有功利性,过度地看重劳动报酬、工作条件、福利待遇以及享有的社会地位;二是普遍在劳动态度、劳动观念上存在认知偏颇和误区,比如认为脑力劳动要比体力劳动高级,看不起一线劳动者,等等;三是劳动实践平台不精准,导致大学生判断不够明晰,最终出现劳动需求与学生专业所长不相匹配的情况。这些问题既表明社会环境对大学生的择业就业起着重要作用,同时也反映出当前社会宣传教育对劳动内容的虚化和弱化。

家庭教育、学校教育和社会教育三者构成了人生教育的主要内容。我们现在所拥有的劳动习惯和劳动能力不是天生就有的,而是后天养成的。家庭、学校、社会的劳动教育和实践锻炼,可以让一个人拥有健康的灵魂,也可以让一个人变得独立自主,让"我不行"变成"我能行",让"潜意识"变成"下意识"。劳动教育让人拥有生存的技能和本领,让人在不知不觉中变得强大,让人拥有更多美好的人生体验。因此,人生教育中的劳动无处不在、无时不在。

三、劳动助力职业发展

劳动是人类的本质活动,职业是个体与社会联系的桥梁,将两者融为一体进行系统教育,能够帮助大学生在劳动中识别职业特征,在劳动中挖掘与养成职业兴趣,从而帮助学生端正态度、正确择业、提升技能,最终在劳动中形成职业生涯规划,成就职业理想。

(一)劳动知识的完善是职业发展的前提

系统、完善的专业技能知识是迈向职业发展的第一步。根据《中华人民共和国劳动法》和《中华人民共和国职业教育法》的有关规定,对从事技术复杂、通用性广,涉及国家财产、人民生命安全和消费者利益的职业(工种)的劳动者,必须经过培训,并取得职业资格证书后,方可就业上岗。现行的劳动准入制度,要求劳动者必须具备经过认定合格的专业知识和技能,才能进入职业人的行列。培养具有从事本专业领域实际工作的基本能力和基本技能的劳动者正是高职高专人才培养的目标。

(二)劳动技能的提高是职业发展的基础

现实的人才供需情况表明,我国的技能型人才总量严重不足。在技能型人才中,高级技能人才更为短缺。目前,高技能人才数量对比企业需求,还有几百万人的缺口。专业技能人才总量过少是我国人力资源结构不合理的重要表现。大学生作为后备军,应当认识到国家的需求和自身的劳动价值,努力在劳动实践中提高技能,在一线工作的锻炼中逐渐成长为社会的精英。

(三)劳动态度的端正是职业发展的关键

在竞争智慧和能力的同时,也在竞争着态度。一个人的态度直接决定了他的行为,决定了他对工作是尽心尽力,还是敷衍了事;是安于现状,还是积极进取。现实中,用人单位对毕业生的职业道德和工作态度要求甚至超过了对知识和技能的要求。就学校而言,从入校开始,就帮助广大学生树立劳动意识,培养他们树立勤于动手、乐于实践的劳动思想,对于学生形成正确的就业价值观至关重要,这也恰恰是学生未来安身立命的立足点。

【互动探索】

阅读以下案例,共同探索思考:如何在时代大潮中建功立业,成就自己的宝贵人生。

1. 农村改革的先行者:小岗村"大包干"带头人

1978年冬,安徽省凤阳县小岗村18户农民,以敢为天下先的精神,在一纸分田到户的"秘密契约"上按下鲜红的手印,实行农业"大包干",从此拉开我国农村改革的序幕。这18位带头人的红手印催生了家庭联产承包责任制,并最终上升为我国农村的基本经营制度,彻底打破"一大二公"的人民公社体制,解放了农村生产力,解决了农民的温饱问题。"大包干"契约作为改革开放的珍贵文物,陈列在国家博物馆,彰显了小岗村作为我国农村改革的主要发源地和中国农村改革标志的历史地位。

2. 华西村改革发展的带头人:吴仁宝

吴仁宝,男,汉族,中共党员,1928年11月出生,2013年3月去世,江苏江阴人,江苏省江阴市华西村党委原书记,江苏华西集团公司原董事长。他始终站在农村改革发展的最前列,率领华西村民"70年代造田、80年代造厂、90年代造城、新世纪腾飞",实现了从农业样板村到农村工业化、农村城镇化再到农村现代化的一次次跨越,走出了一条农村资源整合、优势互补、合作双赢、共同富裕的发展新路,开创了超大型村庄民主管理体制建设的先例。荣获"全国优秀共产党员""全国劳动模范""全国敬业奉献模范"等称号。

3.塑造传承"女排精神"的优秀代表:郎平

郎平,女,汉族,群众,1960 年 12 月出生,天津武清人,中国女排主教练、中国排球协会副主席。作为 20 世纪 80 年代中国女排的主力队员,和其他队员一起实现了"五连冠",塑造了顽强战斗、勇敢拼搏的"女排精神",激励了各行各业的人们为中华民族腾飞不懈奋斗。20 世纪 90 年代以后,她两次在中国女排最困难的时期,主动请缨担任主教练,大胆改革创新,大刀阔斧起用新人,搭建复合型教练团队,把中国女排重新带上巅峰,获得了奥运会、世锦赛等多项世界大赛冠军。"女排精神"已成为中国体育的一面旗帜,振奋了民族精神,激励和影响着一代又一代人投身改革开放和中国特色社会主义伟大事业。郎平荣获了"全国三八红旗手""北京市劳动模范"等称号。

4.经济体制改革的积极倡导者:厉以宁

厉以宁,男,汉族,中共党员、民盟盟员,1930 年 11 月出生,江苏仪征人,北京大学光华管理学院名誉院长、教授,曾任民盟中央副主席,第七届、八届、九届全国人大常委,第十届、十一届、十二届全国政协常委。他是我国最早提出股份制改革理论的学者之一,参与推动我国国有企业产权制度改革,主持起草证券法和证券投资基金法,参与推动出台非公经济 36 条以及非公经济新 36 条,对我国经济改革发展产生了重要影响。另外,在国有林权制度改革、国有农垦经济体制改革以及低碳经济发展等方面作出了突出贡献。荣获教育部第六届及第七届高等学校科学研究优秀成果奖(人文社会科学)一等奖。

【拓展探究】

姓名		学号		班级	
1	问题:劳动在你的人生发展中起到了什么作用? 思考作答:				
2	问题:有人认为干一行爱一行,爱一行钻一行,天道酬勤,人生最终是公平的。你认为这样的想法在现实中得到充分的体现了吗? 对此,你有什么认识? 思考作答:				
3	问题:你的职业理想是什么? 你做好规划了吗? 思考作答:				
教师评语					

第三节　弘扬劳动精神

新时代是一个讲奋斗、讲担当的时代，是一个呼唤实干、呼唤劳模的时代。充分发挥劳模作用，弘扬劳模精神、劳动精神和工匠精神，是践行社会主义核心价值观的生动体现，有利于焕发劳动者的民族自豪感、自信心和爱国热情；是推进科技创新、实现高质量发展的重要驱动力量，有利于培养具有核心竞争力、引领时代潮流的一流人才，打造高素质的技能人才队伍；是广大职工创造美好生活的强大精神力量，引导劳动者爱业、敬业、乐业、勤业，在平凡的岗位上作出不平凡的业绩，实现自我价值与人生价值。

材料一：

全国劳动模范和先进工作者表彰大会是五年一度的表彰大会，目的是弘扬劳模精神，弘扬劳动精神，弘扬中国工人阶级和广大劳动群众的伟大品格。2020年11月24日上午，全国劳动模范和先进工作者表彰大会在北京人民大会堂隆重举行。中共中央总书记、国家主席、中央军委主席习近平出席大会并发表重要讲话，代表党中央、国务院，向受到表彰的全国劳动模范和先进工作者表示热烈的祝贺，向为改革开放和社会主义现代化建设作出突出贡献的我国工人阶级和广大劳动群众致以诚挚的问候。党中央、国务院决定，授予1 689人全国劳动模范称号，授予804人全国先进工作者称号。

材料二：

2020年11月24日，习近平总书记在全国劳动模范和先进工作者表彰大会上的讲话指出："在长期实践中，我们培育形成了爱岗敬业、争创一流、艰苦奋斗、勇于创新、淡泊名利、甘于奉献的劳模精神，崇尚劳动、热爱劳动、辛勤劳动、诚实劳动的劳动精神，执着专注、精益求精、一丝不苟、追求卓越的工匠精神。劳模精神、劳动精神、工匠精神是以爱国主义为核心的民族精神和以改革创新为核心的时代精神的生动体现，是鼓舞全党全国各族人民风雨无阻、勇敢前进的强大精神动力。"

一、发扬劳动精神，永葆奋进活力

（一）劳动精神的内涵

1.崇尚劳动

崇尚劳动，是劳动者应具备的尊崇和提倡劳动的态度，劳动是光荣和神圣的。

首先,劳动是宪法所赋予的、不可剥夺的权利和义务,我国宪法明确规定:"公民有劳动的权利和义务。"公民通过劳动的权利和义务,为社会发展进步提供产品和服务的同时提升、发展自我;其次,劳动的成果是神圣的,劳动者通过劳动创造出满足人类社会进步发展的各种产品,我们通过劳动,体会着成功和梦想的能量,获得满足感、成就感和尊严感,劳动成了人类最美好最崇高的存在。我们常说劳动创造美,那是因为劳动本身是美的,没有劳动,衣、食、住、行都将成为泡影,只有尊重劳动并崇尚劳动,才能通过劳动创造实实在在的价值。

2.热爱劳动

热爱劳动,不仅仅是对劳动成果的美好向往,更体现在遇到阻力、挫折时的坚持与热爱。劳动精神,是甘愿为社会的进步发展奉献一切、兢兢业业劳动的崇高精神。"知之者不如好之者,好之者不如乐之者。"对待劳动,更应该保有积极的态度和足够的热情,通过劳动,劳动者不仅可以体会劳动成果的珍贵,更能感受到身心的愉悦和幸福。中华民族是艰苦奋斗、热爱劳动的民族,中华民族的灿烂文化是广大劳动者通过辛勤劳动获得的,中国梦的实现和美好未来的开拓更应该是中华儿女用足够的劳动热情迎接的。

3.辛勤劳动

辛勤劳动是劳动精神实践层面的重要组成部分。《左传》中写道:"民生在勤,勤则不匮",其意思就是,百姓生活的根基在于辛勤劳作,只要辛勤劳作就不会缺少物资。《古文观止》中的《敬姜论劳逸》中也记录一句名言:"劳则善心生",由此可见,勤劳是中华民族的优良传统,通过辛勤的劳动,中华民族屹立于世界民族之林。现如今,我们也依靠勤劳,开创了中国快速发展的新篇章。"一勤天下无难事",我们不仅要从认知层面肯定辛勤劳动,反对一夜暴富和不劳而获等错误思想,更要用踏实肯干和聪明才智践行辛勤劳动。

4.诚实劳动

诚实劳动,是劳动精神所蕴含的重要部分,是劳动价值的基本追求;诚实劳动不仅是每一位劳动人民应该遵循的准则,更是要传承并发扬光大的中华美德。以诚为先、以诚为重、以诚为美,这才是劳动的应有之义。2013年4月,习近平总书记强调指出:"人世间的美好梦想,只有通过诚实劳动才能实现;发展中的各种难题,只有通过诚实劳动才能破解;生命里的一切辉煌,只有通过诚实劳动才能铸就。"习近平总书记用优美且真切的语言赞美了诚实劳动。时隔两年,习近平总书记在庆祝"五一"国际劳动节大会上的讲话再次强调"诚实劳动",它不仅关乎劳动价值更关乎道德底线,更涉及人民的生命和生活。不讲诚信的劳动,不仅是与我们优秀的传统文化相违背,与社会主义核心价值观相背离,更是危害社会的行为,甚至是违法犯罪的行为。

(二)发扬劳动精神的时代意义

1.促进大学生全面发展的必然要求

2018年9月10日,习近平总书记在全国教育大会上的讲话中指出:"教育是国之大计、党之大计,培养什么样的人是教育的首要问题,要努力构建德智体美劳全面发展的教育体系。培养德智体美劳全面发展的社会主义事业的建设者和接班人是新时代教育的根本任务。"对于大学生而言,全面发展的必然要求就是德智体美劳的和谐发展。劳动精神的培育是高校德育、智育、体育、美育的重要内容。我们强调"德智体美劳"的全面发展,恰恰反映出长期以来忽视"劳育"的问题,凸显了"劳"对于大学生全面发展的重要意义。

新时代要加强对大学生劳动精神的培育,使其锻造成德智体美劳全面发展的人才。首先,以劳树德,劳动精神的培育可以使学生锤炼优良品质,养成尊重劳动的可贵品德;其次,以劳增智,劳动精神的培育不仅能锻炼大学生的生活技能,培养学生的创新精神和动手能力,还能促进大学生的智力开发;再次,以劳强体,劳动精神的培育能够使大学生具备顽强的意志力和坚韧不拔的毅力,使大学生拥有强健的体魄和健康的内心;最后,以劳育美,劳动精神的培育有利于促进大学生树立"劳动最光荣、劳动最崇高、劳动最伟大、劳动最美丽"的劳动观念,让大学生在劳动的过程中主动发现美、体验美、鉴赏美、创造美,从而有利于提高学生审美能力和审美情趣。就大学生的健康成长而言,德智体美劳五个方面缺一不可,哪一个方面缺少了,都不能称之为一个全面发展的人。

2.落实高校立德树人根本任务的必然要求

立德树人是高校的立身之本。习近平总书记强调高校要在坚定理想信念、厚植爱国主义情怀、加强品德修养、增长知识见识、培养奋斗精神、增强综合素质六个方面下功夫。明确了新时代落实立德树人的根本任务,就要把立德树人作为中心环节，这一任务的完成离不开劳动精神的培育。第一，坚定理想信念，就要加强劳动价值观的教育，使学生树立正确的劳动观念，并且有信心用劳动托起中国梦；第二，要加强劳动态度培育，教育大学生热爱劳动，对劳动采取正确的态度，不要轻视体力劳动，将一切劳动一视同仁；第三，要培养大学生养成良好的劳动品德，尊重劳动和劳动者，珍惜劳动者的劳动成果，自身要注重劳动品德的塑造，成为拥有高尚劳动品德的人；第四，增长知识见闻，尤其是劳动相关的知识，使学生了解劳动相关法律法规，增强劳动素质，拓宽知识面；第五，培养奋斗精神，需要大学生发挥勤奋刻苦的宝贵品质，加强劳动实践锻炼，用奋斗书写青春华章；第六，增强综合素质，发挥劳动的综合育人功能。其中尤其要注意对大学生的德育教育，以德为先，使大学生真正成为全面发展的高素质人才。

3. 实现中华民族伟大复兴中国梦的客观需要

新时代弘扬劳动精神是实现中华民族伟大复兴中国梦的客观需要。中国梦是国家的梦、民族的梦，也是每一个中国人的梦。中华民族伟大复兴中国梦的实现离不开千千万万劳动者的共同努力，尤其是当代大学生的重要贡献。必须练就一支爱劳动、能劳动、会劳动的劳动者大军。新时代加强劳动精神的培育，既能引导大学生勤奋学习科学文化知识，从而具备较高的劳动素质，又能教育大学生坚定理想信念，培育高尚的劳动情怀。要以劳动托起中国梦。富强、民主、文明、和谐、美丽的社会主义现代化强国梦的实现，不是敲锣打鼓，一下两下就能实现的，必须要靠劳动，靠劳动者的辛勤劳动、诚实劳动和创造性劳动。

新时代需要新型劳动者。所谓新型劳动者，是指具备扎实的专业知识和专业能力、拥有较强的学习能力和感悟能力、具备较强的创新能力、较好的人际沟通能力和社会关系处理能力等品质的新时代劳动者，同时还要具备强烈的社会意识和社会责任感、脑中装有扎实的科学文化知识、确立终身学习的意识、善于抓住新事物、新概念、新技术的敏锐洞察能力、能够自主选择，并且要有善于质疑的精神等。大学生作为社会主义现代化建设的生力军，走在时代的前面，更加需要顺应时代需求，不断提升自身的素质和能力，使自身具备新时代需要的劳动者的应有素质。因此，要不断加强对大学生劳动精神的培育，帮助他们具备这些素质，成为社会真正需要的新型人才。

【互动探索】

崇尚劳动、热爱劳动、辛勤劳动、诚实劳动，是人生出彩的金钥匙，也是创造美好生活的必经之路。奋斗"十四五"、奋进新征程，我们必须大力弘扬劳动精神。

不可否认，随着经济社会的发展，劳动的方式也在发生变化，但"功崇惟志，业广惟勤"始终是不变的人生哲理。回首历史，从"走在时间前面的人"王崇伦到"当代雷锋"郭明义，从"铁路小巨人"巨晓林到"金牌焊工"高凤林……一代又一代热爱劳动、勤于劳动、善于劳动的高素质劳动者，用对事业的"痴"、对岗位的"爱"、对工作的"狂"，垒筑起共和国的巍峨大厦，标注了建设者们的奋斗底色。个人向上，国家向前，他们在劳动中收获了个人成长，也为国家发展作出了贡献。

"一勤天下无难事。"有人曾问齐白石，画画的秘诀是什么？他笑答："要每日作画，不叫一日闲过！"他曾在一首诗中如此描写自己的艺术劳动："铁栅三间屋，笔如农器忙；砚田牛未歇，落日照东厢。"肯花气力、肯下苦功、肯去钻研，方换来"功夫深处见天然"的精湛画艺。无论是体力劳动还是脑力劳动，无论是简单劳动还是复杂劳动，道理都是相通的。一切劳动者，只要肯学肯干肯钻研，练就一身真本领，掌握一手好技术，就能立足岗位成长成才，在劳动中发现广阔的天地，在劳动中体现价值、展现风采、创造生活。

三百六十行，行行出状元。如今，职业版图在不断拓展，人们的职业选择日益多元。大家的职业或许不同、岗位或许有别，但自己的双手、智慧和汗水，始终是美好生活最坚实、最可靠的依托。历史和现实充分证明，有坚定的理想信念，有不懈的奋斗精神，脚踏实地把每一件小事做好，一切平凡的人都可以赢得不平凡的人生，一切平凡的工作都可以成就不平凡的业绩。

"人民创造历史，劳动开创未来。"新时代为每个人提供了无比广阔的人生舞台，呼唤人们通过诚实劳动、勤勉工作创造更加幸福美好的生活。崇尚劳动、热爱劳动、辛勤劳动、诚实劳动，不弃微末、久久为功，光荣必将属于我们，幸福必将属于我们。
（材料节选自《人民日报》2020年12月1日）

你觉得"对事业的'痴'、对岗位的'爱'、对工作的'狂'"是怎样的一种境界？达到这种境界难吗？为什么？

二、弘扬劳模精神，践行敬业奉献

（一）劳模精神的内涵

劳模精神是历史的产物，它不会随着历史的发展而消失，反而会在时代的变换中得到丰富。早在2013年，习近平总书记在全国劳动模范代表座谈会上的讲话中指出必须要大力弘扬劳模精神，大力发挥劳模作用，并把劳模精神概括为六句话二十四个字,即"爱岗敬业、争创一流,艰苦奋斗、勇于创新,淡泊名利、甘于奉献"。

1.爱岗敬业、争创一流

爱岗敬业、争创一流是劳模精神的本质特征、劳动模范的奋斗目标,更是公民在职业生活中应当遵循的道德要求和行为准则。它反映的是从业人员对待自己职业的一种基本态度,体现的是从业人员热爱自己的工作岗位,敬重自己所从事的职业,勤奋努力、尽职尽责的道德操守。从理论上来讲,爱岗敬业、争创一流可以分为层次递进的三个方面。首先要立足本职、敬重热爱,"居处恭,执事敬,与人忠",就是要求人们谨慎认真做事、坦率忠诚待人;其次要勤奋踏实,"业精于勤荒于嬉,行成于思毁于随",要想真正做到敬业就要做到勤勉踏实;最后要精益求精、尽职尽责,"天下难事,必作于易,天下大事,必作于细。圣人终不为大,故能成其大",要做大事,必须要有细致的态度,力求精致完美。对自己工作岗位的热爱和敬重,在自己工作岗位上创新与进取,既是社会的需要,也是从业者的一种内在道德需要。职业不仅是个人谋生的手段,也是从业者不断完善自身、实现自我社会化的平台。个人的发展和完善不能只停留在心愿和口头上,而应付出实际行动,没有行动,一切近乎空谈。因此爱岗敬业、争创一流所表达的是社会主义最基本的道德要求,即干一行、爱一行、专一行、精一行。劳动模范作为劳动群众的优秀代表,他们恪尽职守、勤勤恳恳、精益求精,用自己的模范行动践行了公民的职业道德操守,为我们正确对待自己的职业树立了榜样。

2.艰苦奋斗、勇于创新

艰苦奋斗是中华民族的优良传统,是中国共产党的优良作风,更是劳动模范所具有的优秀品质。1939年,毛泽东同志曾经告诫全党:"我们民族历来有一种艰苦奋斗的作风,我们要把它发扬起来。"从思想层面上来讲,艰苦奋斗的基本含义包括两个方面,一是艰苦,二是奋斗,艰苦是指客观环境和条件,奋斗是主观进取,艰苦奋斗即用主观行动战胜客观环境和条件,二者紧密相连,重在奋斗。艰苦奋斗的精神与时俱进,无论在什么条件下都是需要的,在任何时候都是推动社会发展的重要精神力量。战争年代的解放军兵工事业开拓者"中国的保尔·柯察金"吴运铎、"新劳动运动旗手"甄荣典等劳动模范推动了中国共产党领导的人民解放事业;社会主义建设时期的"高炉卫士"孟泰、"铁人"王进喜、"两弹元勋"邓稼先等劳动模范引领我国的社会主义建设事业迈向一个新的台阶;在新的历史时期,"中国的航空发动机之父"吴大观、"知识工人"邓建军、"白衣圣人"吴登云等劳动模范促进了中国的改革开放和社会主义现代化建设,助力中国梦。

"创新是民族进步的灵魂,是一个国家兴旺发达的不竭源泉,也是中华民族最深沉的民族禀赋。"作为推动社会进步和引领发展的动力,唯创新能够提高劳动生产率,能够促进经济社会可持续发展,能够使中华民族屹立于世界之林。从1956年中国的航天事业起步,到如今我国取得运载火箭、载人航天、月球探测、卫星遥感、卫星通信等一系列辉煌成就,从近代我国贫困潦倒、食不果腹到如今成为粮食产业大国,实现全球首次在热带沙漠种植水稻,为保障全球粮食安全再添中国贡献,无不体现着创新的重要性。新时期的劳动模范鲜明地诠释着这一重要性,他们积极奋战,勇于创新,推动"中国制造"向"中国创造"转型,是社会主义建设的创新主力和排头兵。

3.淡泊名利、甘于奉献

淡泊名利就是轻名忘利,清心寡欲,不为名利所累,不为身外之物所困,甘于奉献就是在工作中敢于牺牲与奉献,舍己为人,这二者构成了劳模精神的品格特征。"天下熙熙,皆为利来。天下攘攘,皆为利往。"自古至今,世人都有对名利的追求和向往,但是作为普通大众中的一员,劳模在自己的岗位上努力工作创造卓越成就的过程中、在从一线工人到行业带头人的角色转换中、在从芸芸众生成长为世人膜拜的模范榜样中,始终坚持毫不利己专门利人、淡泊名利大爱无疆的奉献精神,对党和人民高度负责,默默无闻地付出一切,从不计较利弊得失,吃苦在前,享受在后。全国劳动模范、江苏省江阴市华西村原党委书记吴仁宝,带领华西村干部和劳动群众艰苦奋斗,走社会主义共同富裕的道路,成功地把昔日偏僻落后的穷华西建成了富裕、美丽的"天下第一村"。但他作为华西村30多年的"老当家",却始终清正廉洁、坚持做到不拿全村最高工资,不住全村最好房子。近年来,上级政府给予他的奖金累计超过1.3亿元,但是他分文不要,全部留给集体。雷锋精神的传承者郭明义20多年来无偿献血6万毫升,相当于自身血液的10倍多,还为希望工程、身边工友和灾区群众累积捐款12万元,先后救助180多名特困生,成立了"郭明义爱心团队",而自己的家中却一贫如洗。正是这些默默无闻的劳动模范淡泊名利、甘于奉献,才使得我国的经济建设和精神文明建设蒸蒸日上,物质与文明并驾齐驱,解决了困扰社会发展的各种问题,一步步实现了中国人民日益增长的美好生活需要。

(二)弘扬劳模精神的时代意义

1.生动诠释了社会主义核心价值观

党的十八大提出24字社会主义核心价值观:倡导富强、民主、文明、和谐,倡导自由、平等、公正、法治,倡导爱国、敬业、诚信、友善。分别从国家层面、社会层面和个人的价值进行了阐述,这些内涵是适应我国现阶段的发展进程和国情状态的,是我们每个公民都应该尊崇的价值体系,并要按照内涵要求,努力完善自己,提高素质。

社会主义核心价值观是对全社会公民的道德要求和行为准则要求,而劳模正是全体公民中的杰出代表,他们展现出的劳模精神与社会主义核心价值观是部分与整体的关系。从内涵上来看,社会主义核心价值观是在中华民族长期的发展历程中,通过几代人、几十代人不断提炼,将传统的中华民族优秀美德与各时代相结合的产物,劳模精神是在长期的生产实践中总体凝结成的先进的劳动领域的精神支撑,各个时代的劳模精神也都是符合社会主义核心价值的要求的,是其重要组成部分。无论是从社会公德方面,还是个人道德品质方面,社会主义核心价值观都是对全社会价值观的多角度考量和要求,是全面的、系统的、立体的。而劳模精神包含着热爱劳动、热爱生活、追求知识、不断进取、努力创造的价值取向,是社会主义核心价值观在社会生产领域的更高要求。弘扬社会主义核心价值观的过程是任重道远的,这就要求劳模群体去作表率,身体力行,在弘扬劳模精神的同时,促进社会主义核心价值的宣传,引导全社会践行社会主义核心价值观。

2. 丰富了民族精神和时代精神

民族精神是以中华民族为对象,以爱国主义为民族精神的核心。时代精神是以改革开放为核心,坚持改革开放就是最大的坚持时代精神。这两种精神始终贯穿于中华民族的历史,既沉淀于近代中华民族不屈不挠的抗争,又体现于新时代中国快速崛起的改革进程,动员和鼓舞着中华儿女以饱满的热情投身祖国建设,将自身的价值实现于民族和时代的意义当中。民族精神和时代精神是群众为之凝心聚力的兴国之魂、民族精神和时代精神是党和政府的强国之道。

经过中华民族的几千年的历程,逐步形成了以爱国主义为核心内容的团结统一、爱好和平、勤劳勇敢、自强不息的伟大民族精神。而劳模精神恰恰生动地诠释了民族精神的内涵,广大劳模是传承和发扬民族精神的先行者。时代精神的核心是改革创新,新时代劳模精神也强调勇于创新,从这一点上看,劳模精神也对时代精神进行了生动阐释,劳模们用自己的实践活动,推动着时代的发展,也丰富和诠释了时代精神。

3. 劳动精神的积极体现

习近平总书记多次强调,劳动是人类的本质活动,也是推动人类社会进步的根本力量。作为新时代的创造者,应树立端正的劳动观,即劳动最光荣、劳动最崇高、劳动最伟大、劳动最美丽。历史悠久的中华民族,从闭关锁国的落后挨打的局面,到今天的新时代发展,实现了从站起来、富起来到飞起来的伟大跨越,这是全体劳动者在中国共产党的领导下，经过艰苦卓绝的革命、建设和改革，一步步实现的。习近平总书记在2013年接见了65名劳模代表，这其中有新中国第一位女拖拉机手，已经84岁高龄的梁军，她是在1950年新中国第一届劳模大会上当选全国劳动模范的，她的事迹鼓舞了一代代的新中国建设者。习近平总书记听完发言深情地说："人世间的美好梦想，只有通过诚实劳动才能实现；发展中的各种难题，只有通过诚实劳动才能破解；生命里的一切辉煌，只有通过诚实劳动才能铸就。"这其中的诚实劳动就是当代劳模的爱岗敬业、艰苦奋斗、甘于奉献的精神；而破解难题、铸就辉煌就是体现在劳模身上的争创一流、勇于创新、淡泊名利上。

4. 培育时代新人的重要手段

习近平总书记在党的十九大报告中提出了"培养担当民族复兴大任的时代新人"的新要求。时代新人首先要符合新时代的特点，要与新时代相结合，时代新人要有新思想、新方式、新观念、新目标，要有所作为，就必须要有神圣的责任心和使命感，要有理想、有梦想，将个人理想同国家和民族的梦想结合到一起。要实现在劳动中创造价值，在劳动中实现人生，锤炼人性，这些就要以劳模精神为指引。要以国家富强、人民幸福为己任，发扬劳模精神的勇于创新、甘于奉献的精神，要胸怀大志，将国家富强乃至世界进步为前进的动力，投身中国特色社会主义建设的时代大潮当中。如何把远大的理想转变成现实，就需要在平时的工作学习当中，不断探索、求得真学问、练就真本领，广大青年要自觉加强自身学习的意识，体会到重担在肩，时不我待的紧迫感，不断刻苦求学，提升本领。在国家发展的各个历史阶段，当时阶段的年轻人都作为时代新人，发挥着举足轻重的作用。劳模身上的坚守与专注、负责与担当、严谨与求真、勤奋与奉献的品质，正是目前社会时代新人所应当具备的，但他们往往聪明有余，坚守不足；往往具备创新的发散性思维，但继承优秀传统思想的认识有限。对时代新人进行社会主义核心价值观教育和劳模精神教育，有利用他们端正人生态度、正确看待社会责任、树立人生目标。

5. 工人阶级主人翁意识的集中展现

我国一直坚持走中国特色社会主义道路，工人阶级发挥着主力军的作用，国家建设和发展处处可以看到他们的身影。工人阶级是国家的主人，工人阶级的力量是解决一切问题的根本力量。社会发展进步的源泉是依靠最广大的工人阶级的进步。他们掌握着先进的思想、精湛的技术、合作的理念，为人类的发展、社会的进步、国家的管理、民族的复兴起到了中流砥柱的作用。特别是党的十八大召开后的新时代以来，以习近平同志为核心的新一届领导班子，带领全国人民以工人阶级为引领，不断开拓进取,奋发图强,用诚实劳动、合法创业,开创了中华民族伟大复兴的新局面。而劳动模范正是在工人阶级劳动生产中选拔出来的,他们本质是工人阶级,他们代表着工人阶级,他们获得工人阶级的认可,他们是工人阶级的先锋,展现出的正是工人阶级的意志品质和时代风采。

主人翁是指以主人的姿态和责任感去做事情。正是因为劳模把工作的钻研作为毕生的追求,才能做到爱岗敬业、争创一流,把国家的发展难题、技术攻关背负肩上,才能做到艰苦奋斗、勇于创新,把工作的事当成自己人生价值的体现,不计较个人得失,才能做到淡泊名利、甘于奉献。主人翁意识是个人进步、国家发展的根本动力。

【案例分析】

姚婕,武汉地铁运营有限公司客运二部2号线汉口火车站中心站长,2020年获得全国劳动模范荣誉。

入职武汉地铁以来,从站务员到中心站长,姚婕15年间始终奋战在客运服务一线,帮助乘客解决各类问题2 000余件,为价值20万余元的900件失物寻回了失主。作为武汉地铁姚婕志愿服务总队的领头人,不论何时她总会出现在车站客流最密集、压力最险重的地方,为乘客开辟出一条条安全通道。多年来姚婕还带领队员进入敬老院、校园、社区,为老年人、青少年儿童、留守儿童送温暖、送爱心。2019年武汉军运会期间,她带领姚婕志愿服务队制作了"军运会地铁导乘图"、武汉景点双语"便利签",还以到各大场馆做志愿者等方式为军运会贡献力量。在武汉防疫阻击战中,作为离华南海鲜市场最近、客流最大车站的中心站长,她向部门申请调整员工工作岗位、增加防护措施,降低传染概率。找遍多家药店买到20个N95口罩连夜送到车站。武汉封城,地铁停运后,她主动报名到车站值守,保洁员不在,就自己动手,用稀释的 84 消毒水将办公区域消毒,为同事们创造洁净的工作环境。在她的感召下,汉口火车站 40 位员工没有一人退缩,始终坚守在抗击疫情第一线。

思考:

(1)案例中的姚婕身上体现了哪些劳动品质?

(2)姚婕的事迹启发了我们,作为未来的劳动者应该怎么做呢?

三、传承工匠精神,执着匠心品质

(一)工匠精神的内涵

1.执着专注

从中外实践经验来看,工匠精神都意味着一种执着专注,即一种几十年如一日的坚持与韧性。"术业有专攻",一旦选定行业,就一门心思扎根下去,心无旁骛,在一个细分产品上不断积累优势,在各自领域成为"领头羊"。在中国早就有"艺痴者技必良"的说法,如《庄子》中记载的游刃有余的"庖丁解牛"、《核舟记》中记载的奇巧人王叔远等。

2.精益求精

朱熹曾经描写工匠为制造器物而反复打磨骨头、玉石的表现时说道:"言治骨角者,既切之而复磨之;治玉石者,既琢之而复磨之,治之以精,而益求其精也。""反复琢磨"和"精益求精"将工匠的那份想要把工作完成到极致,想要把技术做成艺术的心态刻画得淋漓尽致。他们对产品质量的要求近乎苛刻,力求实现任何细节上的尽善尽美。如今的生产方式早已由过去的粗放型向现在的精细化转变,对品质的要求也更加严格。现代工匠只有具备精品意识,拥有将 99.9% 的品质完善到 100% 的坚持,不断突破对质量要求的高度,才能制造出更多优质精美的产品。只有秉持精益求精的现代工匠精神,才能真正提高我国产品的国际竞争力,实现中国制造的质的飞跃。

3.一丝不苟

在工作中做到事无巨细,用心对待,注重细节,认真严谨。李大钊曾说过,"做事要脚踏实地,不弛于空想,不骛于虚声,而唯以求真的态度做踏实的工夫。以此态度求学,则真理可明,以此态度做事,则功业可就。"

现代科技发展速度日新月异,生产制造业越发需要更加精密化、专业化和高端化的制造方式。这就需要现代工匠在工作岗位上更加专注,对质量高要求,对细节严把控,对每一道工序每一个环节都要做到"锱铢必较",杜绝投机取巧,抵制粗制滥造,用兢兢业业、一丝不苟的现代工匠精神捍卫质量的底线。

4.追求卓越

在一名合格的工匠看来,在技艺提升这条路上永远没有完成时,一直都是进行时,所谓的终点只是另一个起点。追求卓越,这也是世界技术不断推陈出新、社会不断进步的一个重要原因。工匠们对自己创作出来的产品永远不觉得它是完美的,这样就会促使自己更加深入地去琢磨,去研究,去尝试。古有欧阳修快马追字、贾岛月下推敲的故事,今有韩利萍毫厘精神托起航天梦、顾秋亮丝级组装精密度助力载人潜水器等典范,无不彰显了匠人们追求卓越、求实创新的品质。

（二）传承工匠精神的时代意义

1. 国家层面：助力国家制造业转型升级

对大学生进行现代工匠精神培养，是实现我国技能型人才理论修养和实践技能整体提升的有效途径，也是实现我国由制造大国向制造强国转型升级的关键要素。我国制造业经过多年的发展，中国制造的产品早已行销海外，享誉全球。成为当之无愧的"世界工厂"。但是不可否认的是中国制造面临的现状却是"大而不强""多而不精"，在国际竞争中还处于较为不利的位置。特别是随着经济全球化的加速发展，各国博弈的焦点又重新回到了制造业上面。在发达国家强大的科技实力和新兴经济体低廉的价格优势的双重挤压下，加快推进我国向制造强国转变的战略任务已经变得十分紧迫。德国、美国等发达国家凭借其产品质量上乘、工艺精湛、经久耐用的优势在国际制造业上久负盛名，而成功的根源主要来自产品制造者身上具备的细致严谨、一丝不苟、精益求精等工匠精神素养。所以加强大学生的现代工匠精神培养，能够从思想源头上塑造社会、企业和劳动者的创新精神、敬业态度和实干品质，促进我国产业的优化升级。在未来的发展中，中国制造业要想实现更高层次和水平的发展，必须在技能型人才培养方面继续加大改革力度，探索具有现代工匠精神的高素质高技能人才培养模式，让更多从事一线生产工作的劳动者具备丰富的理论修养和高超的技术水准。高校，尤其高职院校是培养优质技能型人才的重要场所，落实对学生的现代工匠精神培养，是学校的重要使命，同时也是助力我国制造业转型升级的重要途径。

2. 学校层面：推动高校内涵式发展

高校在确立教育目标和进行教学改革之时将现代工匠精神的精髓融入，不仅对学生的长远发展大有裨益，而且也是推动自身内涵式发展的题中之义。一方面，高校在人才培养目标上的重新定位，必定导致学校在校企合作方案、教学内容设置、课程体系构建以及教育质量评价机制等各方面都要做出战略性和全面性的变革和调整。这将有利于促进高校培养出符合社会需求的德艺双馨的工匠式人才,有利于革除其原本在制度和规划上存在的弊病,实现学校自身的转型升级,更好地适应国家制造业转型升级的战略诉求。另一方面,现代工匠精神具有勇于开拓创新、注重团队协作、追求精益求精等优秀品质和时代价值,赋予了高校人才培养目标的全新内涵,让高校在办学过程中更注重对学生实用技能和思想深度方面的培养,更加重视对学生的人文关怀。同时现代工匠精神独特的精神内涵还可以逐步纠正高校只重技能、忽视人文,只重就业率、忽视学生长远发展的错误倾向。让高校能够真正摒弃落后的发展模式,实现学校的内涵式发展。

3. 个人层面:促进大学生就业及个人价值实现

大学要想培养出的学生在就业时更加具有竞争力,就必须让学生在在校期间内获得更多的人力资本附加值。以现代工匠精神为引领,对学生进行有针对性的培养是一个有效的措施。因为企业在挑选未来的员工时,不仅希望其在技术上能够适应岗位的需求,还希望看到学生在文化素质、职业态度、职业道德等方面也能够符合他们的期望。在具有现代工匠精神的校园文化下成长起来的大学生,更容易养成良好的职业修养和实践技能,不仅在就业时更容易得到企业的青睐,在未来的工作中也更具有发展的潜力和上升的空间,更容易获得成功。另外,现代工匠精神对实现学生个人价值也具有现实意义。人是一种社会性的动物,被动的、消极的工作必然深深压抑人的内在自我发展。马斯洛的需求层次理论让我们知道,人除了低层次的生理需求外,还期望满足自己价值实现的需求。作为从业者,一定需要自己在工作岗位上得到认可和欣赏,找到自己存在的价值。这种价值感既来自他人或社会对自己工作的肯定,也来自在不断实践中,自身能力水平的升华。大学生通过学校教育时期现代工匠精神的培养,不仅能较好地掌握工作岗位所需的专业理论和技能,而且能有效实现个人生涯发展与工作岗位需求的无缝对接,进而更好地适应经济社会发展、生产方式变革、技术变革的需要,最终收获更多的自我成就感和自我实现的价值感。

【案例分析】

他是一名普通焊工,即便获得"中华技能大奖",依然手握焊枪活跃在生产一线;他更是"工人院士",钻研创新破解各种焊接难题,帮助中国高铁储备世界级人才。他是中车长春客车股份有限公司高级技师李万君,以精湛的技能打造最安全可靠的中国制造高速列车,为中国梦"加速"。

1987年8月,19岁的李万君职高毕业,被分配到长春客车厂电焊车间水箱工段。焊枪喷射着2 300°的烈焰,瞬间将钢铁熔化。披挂着厚重的帆布工作服,扣着封闭的焊帽,李万君和工友们在烟熏火燎中淬炼意志:在炎热的盛夏焊接着客车上供水的水箱、制动的风缸,车间里火星四溅,烟雾弥漫,声音刺耳,味道呛鼻。一年后,一起入厂的28个伙伴,25个离了职。李万君也想过换一个轻巧干净的工种,但曾连续7年被评为工厂劳模的父亲劝他说:"啥活都得有人干,啥活干精了都会有出息。"于是李万君留了下来,琢磨着怎么把活干精。每天中午,大家都在午休,李万君却在琢磨工艺;下班后,大家回家了,他仍蹲在车间练个不停。练习时没有料,李万君就自己到处捡废铁;把本厂名师拜了个遍,还向其他厂的师傅学习。

很快,李万君小有名气了,厂里的尖端活、关键活都找他。此后,经常与不同单位焊接高手切磋的李万君技艺越来越高,并顺利考取了碳钢、不锈钢焊接等6项国际焊工(技师)资格证书,成为全能型焊工。兢兢业业、刻苦钻研,李万君练就了超一流的焊接手艺,成为国内外专家钦佩的高铁焊接大师。李万君以独创的一枪三焊的新方法破解转向架焊接的核心技术难题,实现我国动车组研制完全自主知识产权的重大突破,也焊出了世界新标准,推动"复兴号"列车的批量生产成为现实。

"啥活干精了都会有出息",入职30年后,李万君证明了这句话。(材料节选自新华网)

讨论:高级技师李万君是如何诠释、传承工匠精神的?

【拓展探究】

姓名		学号		班级	

| 1 | 问题:你认为什么样的人可以称为"劳模"？评选"劳模"有什么意义？ |
| | 思考作答: |

| 2 | 问题:结合自己的实际经验,评价自己的人生观,说说劳动磨炼了自己的哪些品质或者带来什么影响。 |
| | 思考作答: |

| 3 | 问题:随着现代机器化大生产对传统手工业的取代,传统工匠逐渐退出历史舞台。有观点认为:工匠精神已经过时了。你是怎么看待这一观点的？ |
| | 思考作答: |

| 教师评语 | |

第四节　养成良好习惯

　　劳动习惯是指一个人长期劳动形成的一种身体的本能。劳动习惯具有相对的稳定性。俗语说:习惯成自然。良好的劳动习惯能够使大学生在日常里将劳动看作一种自然的行为,而不是被动发生的行为。人要想成就优良的学业和辉煌的事业,拥有一段幸福且美好的精彩人生,必须养成良好的学习、工作和生活习惯。往往那些优秀的人,多半是拥有良好学习和生活习惯的人。良好劳动习惯的养成,有助于培养吃苦耐劳的劳动精神。良好的劳动习惯教育对一个人的成长和成才具有不可忽视的重要作用,因此大学生要注重自身良好劳动习惯的养成,让良好劳动习惯贯穿自己生活的始与终。

　　材料一:

　　2017 年 6 月 23 日,习近平总书记在深度贫困地区脱贫攻坚座谈会上发表讲话,指出一个健康向上的民族,就应该鼓励劳动、鼓励就业、鼓励靠自己的努力养活家庭,服务社会,贡献国家。要改进工作方式,改变简单给钱、给物、给牛羊的做法,多采用生产奖补、劳务补助、以工代赈等机制,不大包大揽,不包办代替,教育和引导广大群众用自己的辛勤劳动实现脱贫致富。

　　材料二:

　　2016 年 4 月 26 日,习近平总书记在知识分子、劳动模范、青年代表座谈会上谈道:"素质是立身之基,技能是立业之本。广大劳动群众要勤于学习,学文化、学科学、学技能、学各方面知识,不断提高综合素质,练就过硬本领。要立足岗位学,向师傅学,向同事学,向书本学,向实践学。三百六十行,行行出状元。""梦想属于每一个人,广大劳动群众要敢想敢干、敢于追梦。说到底,实现中华民族伟大复兴的中国梦,要靠各行各业人们的辛勤劳动。现在,党和国家事业空间很大,只要有志气有闯劲,普通劳动者也可以在宽广的舞台上展示自己的人生价值。"

一、养成自觉劳动的生活习惯

(一)自觉劳动

　　自觉劳动,即积极主动地劳动,是指以积极的态度接受劳动任务,全身心投入劳动,并不断发现和设计劳动任务。面对劳动时,有的人欣然接受,有的人逃避拒绝,甚至弄虚作假;开展劳动时,有的人认真负责、尽心尽力,有的人马马虎虎、敷衍了事;对于劳动中的"苦差事"和"分外事",有的人积极承担,还会主动帮助他人劳动,有的人却只求做完自己的劳动任务;完成劳动时,有的人"闲着没事",有的人却"眼里有活""主动找活",并且努力完成新的劳动任务。劳动过程中,我们选择成为哪种人至关重要,哪怕只是面对生活中的劳动,亦不可懈怠。一种习惯一旦形成,它影响的可能不只是生活,还有工作以及未来的发展。

（二）养成自觉劳动的生活习惯

1. 加强日常生活自理劳动

从小事着手,从身边做起是培养劳动习惯的最直接的方式。充分利用高校的寝室、教室、食堂等生活场景平台,学校定期组织学生打扫校园卫生、参与学习生活环境维护、定期检查宿舍卫生状况等一系列的活动是促使学生养成良好习惯的重要推动力。为养成劳动习惯所开展的校园劳动不可一蹴而就,也不可能一劳永逸,校园劳动和宿舍检查等活动必须以常态化的形式存在,为大学生劳动习惯养成提供平台,也为新时代大学生劳动观教育的实效性提供保障。同时,外在的约束力只有与学生内在的自觉性相结合才能将劳动贯穿于生活的始终,避免出现"基本生活无法自理""宿舍脏乱"的情况,实现大学生个人的自食其力、自力更生。

2. 发挥家庭熏陶作用

家庭是孕育孩子的土壤,父母是孩子最好的老师。父母对孩子的影响可以说是终身的,在劳动精神培育、劳动习惯养成的过程中,家庭的作用同样不可忽视。家庭是培养大学生劳动精神的重要场地,必须重视营造良好的家庭氛围,充分发挥家庭环境的熏陶作用。比如作为家庭成员,每一个人都要养成自觉打扫卫生的良好习惯,不能将保洁的任务固定地落到某一个家庭成员的身上。一家人都要主动打扫卫生,将物品摆放整齐,注意美化、绿化家庭环境,让家庭环境常看常新。营造干净舒适的家庭环境不仅有利于培养一家人的劳动观念,还有利于一家人互相体贴,相互尊重,使一家人都能保持心情舒畅,身心健康。身教胜于言传,家长首先要身先示范,同时尽可能地为孩子创设劳动条件,把子女从事家务劳动当作培养孩子勤劳节俭品德的一种方式。除此,巧用家风,对孩子进行劳动精神的培育,培养孩子的劳动习惯,让孩子掌握一些必要的劳动技能,使他们树立起劳动光荣、劳动伟大的理念。生活中良好的劳动习惯将使他们终身受益。

【互动探索】

讨论:缺乏生活自理能力是否会影响劳动习惯的养成?是否会对未来工作产生影响?

二、培养辛勤劳动的工作习惯

（一）辛勤劳动

辛勤劳动是每个劳动者对劳动应有的基本态度和要求，强调愿意付出时间、心血、精力，不辞辛苦、勤勉敬业、埋头苦干。习近平总书记多次指出，"真抓才能攻坚克难，实干才能梦想成真。我们要在全社会大力弘扬真抓实干、埋头苦干的良好风尚"。"实干"的本质不仅是一种迎难而上、坚韧不拔的态度，而且是一种破解难题、披荆斩棘的方法，折射出的思想精髓就是自力更生、艰苦奋斗、辛勤劳作。习近平总书记告诫广大群众："任何一名劳动者，要想在百舸争流、千帆竞发的洪流中勇立潮头，在不进则退、不强则弱的竞争中赢得优势，在报效祖国、服务人民的人生中有所作为，就要孜孜不倦学习、勤勉奋发干事。"诚然，个人卓越的能力、美好的生活都是通过辛勤劳动得到的。在精准扶贫的战场上，为了帮助贫困群众拔穷根，共享社会发展的成果，一系列扶贫对策应运而生，不仅"富口袋"，更要注意"富脑袋"，精准扶贫取得了重大成效。但"授人以鱼不如授人以渔"，要想彻底摘掉"贫困帽"，最关键是要用好外力、激发内力、形成合力。注重把贫困群众走出贫困的志向和内生动力激发出来，树立"宁愿苦干、不愿苦熬"的意识，负重自强，通过"自力更生、艰苦奋斗、辛勤劳动，凝聚起打赢脱贫攻坚战的强大力量"。在这里，辛勤劳动是劳动的崇高和伟大所在，也是劳动被尊重的缘由。

（二）培养辛勤劳动的工作习惯

要发扬劳动者的主人翁意识，树立正确的劳动观，争做新时代奋斗者。在"苦干实干"中体悟"一分耕耘，一分收获"，始终谨记靠勤劳创业，稳固；靠实体致富，扎实；靠吃苦发家，安心。要抵制一切与"辛勤劳动"背道而驰的思想和心态，不能贪图不劳而获的生活，不要幻想一夜暴富，也不能安于现状、得过且过，干劲松弛、思想懈怠、精神萎靡，否则只会让个人错失出彩的机会、让国家错失发展的机遇。毕竟，"实现中华民族伟大复兴的中国梦，要靠各行各业人们的辛勤劳动。"正所谓，三百六十行，只要肯勤奋，行行都能出状元。人世间一切美好梦想的实现，需要每一个人付出不懈的艰苦努力。习近平总书记还特意指出，"在田间地头，就要精心耕作，努力赢得丰收。在商场店铺，就要笑迎天下客，童叟无欺，提供优质的服务。只要踏实劳动、勤勉劳动，在平凡岗位上也能干出不平凡的业绩。"诚然如此，如果"人人踏实劳动、勤勉劳动，我们就能汇聚劳动创造的巨大能量"。身处这样一个伟大的时代，普通劳动者不仅能干事业，而且能干成事业，更可以在宽广的舞台上奉献社会展示自身的价值,建功立业实现梦想。

【互动探索】

讨论:"天道酬勤"与"一夜暴富",你倾向于哪个,为什么?

三、培育创新性劳动的思维习惯

(一)创新性劳动

创新性劳动,即创造性劳动,往往是体力劳动和脑力劳动的结合,是辛勤劳动、诚实劳动的发展,也是劳动的核心和本质要求。创造性劳动重在打破循规蹈矩、因循守旧、故步自封的落后状态,敢闯敢试、用于突破、开拓创新。"'中国制造、中国创造、中国建造'共同发力,继续改变着中国的面貌。"从猿人举起第一块石器开始,一直到今天科学技术所创造的奇迹,创造性劳动如影随形。习近平总书记指出,"人类是劳动创造的,社会是劳动创造的。"若不是在劳动过程中创新性地改造劳动工具,人类很可能还处于猿猴状态,甚至在弱肉强食中已然走向灭亡,而社会则可能依旧处于混沌未开的初始模样。习近平总书记还鲜明地指出,"正是因为劳动创造,我们拥有了历史的辉煌;也正是因为劳动创造,我们拥有了今天的成就。"不可否认,中国的崛起和人民生活水平的提升,都是得益于创造性劳动。

(二)培育创新性劳动的思维习惯

面对日趋白热化的国际竞争和日益激烈的社会竞争,以及大众创业、万众创新的时代热潮,习近平总书记强调,"必须把创新摆在国家发展全局的核心位置,不断推进理论创新、制度创新、科技创新、文化创新等各方面创新。"随着技术创新、知识创新、管理创新的日益发展,创新性劳动对推动科技进步和经济发展方式转变的作用越来越大。因此,习近平总书记呼吁,"要增强创新意识,敢于走前人没有走过的路,敢于抢占国内国际创新制高点。"广大劳动者要提升自己的素质,锤炼锐意进取、勇于创新的时代品质,争做知识型、技术型、创新型的劳动者,充分焕发创新潜能和创造活力,努力在改革开放中闯新路、创新业,这是圆梦的最佳途径和最好方式。在如何推进创造性劳动方面,习近平总书记指出,"要把握创新特点,遵循创新规律……坚持面向经济社会发展主战场、面向人民群众新需求,让创新成果更多更快地造福社会、造福人民。"在思想文化日益进步的今天,没有创新、创造元素的劳动,已经渐渐失去社会竞争力和物质生命力,必须广泛地运用科学技术知识,进行创新性和创造性劳动,提高劳动效率和劳动质量,赋予劳动以新的时代意义,使劳动能够持续闪耀光辉。

【案例分析】

南仁东,男,满族,群众,1945年2月出生,2017年9月去世,吉林辽源人,中国科学院国家天文台500米口径球面射电望远镜(FAST)工程原首席科学家兼总工程师。他潜心天文研究,坚持自主创新,主导提出利用我国贵州省喀斯特洼地作为望远镜台址,从论证立项到选址建设历时22年,主持攻克了一系列技术难题,为FAST重大科学工程建设发挥了关键作用,实现了中国拥有世界一流水平望远镜的梦想。他的爱国情怀、科学精神和勇于担当堪称楷模,激励着广大科技工作者继往开来,不懈奋斗。南仁东荣获全国创新争先奖,被追授"时代楷模"称号。

讨论:请分析案例中的南仁东身上体现出哪些劳动品质与习惯呢?

【拓展探究】

	姓名		学号		班级	

1	问题:如何养成良好的劳动习惯? 思考作答:
2	问题:你是否有自主劳动的习惯? 如果有,它给你带来了哪些好处? 如果没有,请谈谈原因。 思考作答:
3	问题:你觉得创新性的思维习惯重要吗? 我们应该如何培养创新性思维习惯和劳动能力? 思考作答:
教师评语	

第三章 劳动与成长成才

【学习目标】

（1）了解劳动与涵养品德的辩证关系，能够在劳动中涵养品德。

（2）了解劳动与增长才智的辩证关系，能够在劳动中增长才智。

（3）了解劳动与强健体魄的辩证关系，能够在劳动中强身健体。

（4）了解劳动与审美提升的辩证关系，能够在劳动中提升审美能力。

（5）了解劳动与创新创造的辩证关系，能够在劳动中创新创造。

劳动作为人类特有的基本社会实践活动，是创造价值、推动社会进步和促进个人发展的根本力量。劳动教育能发挥劳动的育人功能，应对学生开展系列劳动教育活动。在德、智、体、美、劳的全面培养教育体系中，劳动教育具有综合育人的价值和意义，与德育、智育、体育、美育和创新创造相互支撑，推动大学生成长成才。

第一节 以劳树德

以劳树德，即通过劳动帮助大学生树立正确的劳动价值观，培养良好的劳动品质。马克思主义劳动观对劳动与劳动涵养品德进行了深刻的论述。

材料一：

马克思在《青年在选择职业时的考虑》中写道："如果一个人只为自己劳动，他也许能够成为著名学者、大哲人、卓越诗人，然而他永远不能成为完美无疵的伟大人物。历史承认那些为共同目标劳动因而自己变得高尚的人是伟大人物；经验赞美那些为大多数人带来幸福的人是最幸福的人。"

材料二：

习近平总书记在全国劳动模范和先进工作者表彰大会上指出："劳动是一切幸福的源泉。新形势下，我国工人阶级和广大劳动群众要继续学先进赶先进、自觉践行社会主义核心价值观，用劳动模范和先进工作者的崇高精神和高尚品格鞭策自己，焕发劳动热情，厚植工匠文化，恪守职业道德，将辛勤劳动、诚实劳动、创造性劳动作为自觉行为。……教育引导青少年树立以辛勤劳动为荣、以好逸恶劳为耻的劳动观，培养一代又一代热爱劳动、勤于劳动、善于劳动的高素质劳动者。"

思考：

（1）为什么说劳动是幸福的？

（2）个人劳动和社会发展有什么关系？

一、劳动与涵养品德的辩证关系

（一）劳动是涵养品德的基本方式

1.劳动提供道德的根本遵循

从劳动和道德的原始意义来看：道德作为一种社会意识，是调整人与人关系、人与社会之间关系的特殊行为规范的总和。劳动作为人类特有的基本社会实践活动，是创造物质财富和精神财富的过程，也是人类生存和发展的第一个基本条件。劳动过程及其产生的价值兼具个体性和社会性，调整着人与自然、人与社会、人与人、人与自身关系的和谐。因此，热爱劳动是道德，勤于劳动是道德，创造劳动成果亦是道德。

在社会生活中，人们通过植树造林改善自然环境，从而实现人与自然的和谐；通过公益劳动服务社会，从而实现人与社会的和谐有序；通过志愿服务帮助弱势群体，从而实现人与人的融洽相处；通过生产劳动创造物质和精神财富，从而改善个人的生存生活条件，获得幸福感和满足感，实现人与自身的价值确认和关系和谐。总之，劳动为道德提供根本遵循。

2.劳动提供广泛的道德内容

劳动的外延包括"有关劳动""通过劳动"和"为了劳动"的活动,既包括指向价值观层面的劳动观念,又包括指向行为层面的合作劳动能力;既涉及思想层面的劳动精神,又涉及态度层面的劳动习惯和品质,是劳动知、情、意、行的统一。因此,正向的劳动本身就是最大的道德,并提供着丰富的道德内容。

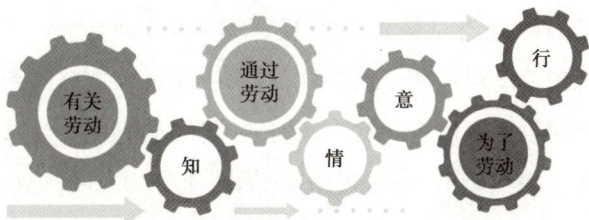

"劳动是人类发展和社会进步的根本力量""劳动创造人、创造价值、创造财富、创造美好生活"的唯物主义原理,"劳动人民是社会历史的创造者,要尊重劳动、尊重普通劳动者"的唯物史观,"劳动最光荣、劳动最崇高、劳动最伟大、劳动最美丽"的劳动观念,诚实劳动的劳动习惯和品质,都是基本的道德内容。另外,丰硕的劳动成果,是劳动能力的直接表达,更是吃苦耐劳、甘于奉献、砥砺奋进的劳动精神的凝结,这本身也是道德内容。

3.劳动提供道德的实践途径

劳动是社会实践活动。正确的劳动观念、全面的劳动能力、积极的劳动精神、良好的劳动习惯和品质最终要落实在劳动实践之中。在劳动的过程中,发挥主观能动性,主动劳动、积极劳动,努力优化各种社会关系,不断完善自我、发展自我,锻造劳动品质,无一不发挥着潜移默化、润物无声的道德作用,无一不具有道德实践的意义。因此,劳动天然地为道德提供有效的实践途径。

单丝不成线,独木不成林。现实生活中很多劳动任务往往需要多人配合完成,越是复杂的、大规模的劳动,越需要劳动者的团结协作能力和集体主义道德观。然而,团结协作能力和集体主义观念不会凭空产生,只有在实实在在的劳动过程中,与他人身体力行的配合和协作过程中才能实现。另外,"热爱劳动"是良好劳动品质和道德品质。"热爱劳动"不是喊口号喊出来的,也不仅仅是课堂上讲出来的,只有通过亲身实践、出力流汗,感受到劳动的艰辛和收获的快乐,才能获得劳动的收获感、幸福感和满足感,才能真正"热爱劳动"并落实到行动,其效果自然比重复喊上一千次"以热爱劳动为荣"的口号的效果强得多。

4.劳动使道德回归真实情景

"一种价值观要真正发挥作用,必须融入社会生活,让人们在实践中感知它、领悟它。要注意把我们所提倡的与人们日常生活紧密联系起来,在落细、落小、落实上下功夫。"道德源于真实的生活情景,道德是生活中的道德。劳动具有鲜明的实践性,同样源于生活、存在于生活并最终为了生活。劳动面向真实的生活世界和职业世界,在认识世界的过程中获得具有道德意义的价值体验,在建设世界的过程中塑造自我、调节关系。因此,真实的生活情景使劳动具有强烈的道德意义。通过劳动实践,道德认知回归真实的生活情景之中,使道德实践生动自然。

具有中国特色的劳动精神和劳动品质,源于中华民族悠久的历史文明,是华夏儿女在真实的生活情景中接续奋斗的生动写照:传统的农耕生活,"民生在勤,勤则不匮",形成了中国人民热爱劳动、吃苦耐劳、勤劳质朴的品质;近代的革命实践,奏响了"咱们工人有力量"的主旋律,唤醒了劳动人民的主体力量,锻造了劳动伟大的精神理念;现代社会主义建设、改革和现代化建设的伟大事业,形成了爱岗敬业、争创一流、艰苦奋斗、勇于创新、淡泊名利、甘于奉献的劳模精神,崇尚劳动、热爱劳动、辛勤劳动、诚实劳动的劳动精神,执着专注、精益求精、一丝不苟、追求卓越的工匠精神,汇聚了"劳动托起中国梦"的磅礴力量。

(二)涵养品德是劳动的应有之义

1. 个人道德品质与劳动价值观念殊途同归

"国民应该以劳动作为一种道德或一种权利,把劳动看成为无上的光荣。""把劳动的道德、权利、义务三者结合起来,才能巩固劳动纪律。"就个人道德品质而言,一方面,自立自强、吃苦耐劳等美德指向积极的劳动精神,两者有内容范畴的交叉;另一方面,个人道德品质越高,越具有良好的劳动习惯和品质,越能够树立正确的劳动观念,自觉提高自身劳动能力,不断丰富自我、超越自我。

"田家少闲月,五月人倍忙。夜来南风起,小麦覆陇黄。妇姑荷箪食,童稚携壶浆,相随饷田去,丁壮在南冈。足蒸暑土气,背灼炎天光……"唐代诗人白居易的《观刈麦》描写了麦收时节农民劳作的景象,既有对封建社会繁重租税的批判,也有对自己"无功无德、不劳动"却能够丰衣足食的羞愧,表达了诗人对劳动人民的深切同情和对封建剥削制度的反对。正是白居易具有高尚的道德情怀和批判精神,才能心怀劳动人民、关心人民疾苦、盼劳动公平,才能创作出具有思想高度的诗作并流传千古。

2. 职业道德规范与劳动习惯品质不谋而合

职业道德是指在职业生活中所要遵循的道德规范和行为准则的总合,各行各业亦有属于本行业特点和要求的具体职业道德。总体而言,职业道德包括:爱岗敬业、诚实守信、办事公道、服务群众、奉献社会。就职业道德而言,一方面职业道德的内

容指向劳动习惯和品质,两者基本耦合;另一方面,越拥有较高的职业道德素质,越能够自觉自愿、积极主动地参与劳动,在劳动过程中越能做到认真负责、安全规范,越有坚韧不拔、持之以恒的劳动习惯,从而创造更多的物质和精神财富。

著名教育家黄炎培提出"敬业乐群"的职业道德原则。在劳动过程中,若能"敬业",即对自己所做的事情尽职尽责,则劳动效果越好;若能"乐群",即与他人友好和谐相处,则越具有团结协作劳动的能力,劳动效率越高。另外,新时代各行各业中涌现的劳动模范、大国工匠,他们在平凡的工作岗位中成就不平凡的事业,形成"爱岗敬业、争创一流、艰苦奋斗、勇于创新、淡泊名利、甘于奉献"的劳模精神,继续鼓舞更多的人用劳动实现"中国梦"。

3. 社会道德风尚与社会劳动风尚直接耦合

"幸福是奋斗出来的""空谈误国,实干兴邦""尊重一切劳动和劳动者"……这些社会主义道德风尚也是新时代社会劳动风尚,鼓舞着全体劳动人民以实现中华民族伟大复兴为己任,人人参与、人人奉献,在劳动实践中与社会主义现代化建设同心同德、同频共振。

2020年初,面对突如其来的新冠肺炎疫情,各行各业、各条战线的劳动人民同心协力、风雨同舟,积极主动投身于疫情防控的人民战争、总体战、阻击战之中,为控制疫情、推动复工复产做出了突出贡献,展现了劳动人民的伟大力量,铸就了生命至上、举国同心、舍生忘死、尊重科学、命运与共的伟大抗疫精神,这既是社会主义新风尚,更是新时代劳动风尚。另外,广大劳动人民为决胜全面建成小康社会、决战脱贫攻坚,辛勤劳动、砥砺奋斗,用智慧和汗水营造了劳动光荣、知识崇高、人才宝贵、创造伟大的社会风尚,谱写了"中国梦·劳动美"的新篇章。

二、在劳动中涵养品德

(一)在劳动中涵养个人品德

1. 端正劳动态度

第一,要懂得劳动的意义和价值。劳动创造全面的人,劳动是一切财富、价值的源泉。要充分认识到劳动在人的全面发展和社会进步方面的重要作用,肯定劳动的意义和价值。

第二,形成积极的劳动态度。能够正向理解劳动过程中的辛苦和劳累,在出力流汗中获得积极的感受和体验,情感上热爱劳动,行动上主动劳动。

第三,加强"劳动自觉"。"劳动自觉"一方面要求自觉自愿参加劳动,在内心深处认可劳动;另一方面要对劳动有"自知之明",带着提升自我、接受教育、创造价值、奉献社会的认识高度参加劳动。

2. 加强理论学习

第一,加强"劳动创造了人本身""劳动创造世界"等基本理论知识的学习,用唯物主义、历史唯物主义的观点看待劳动,深刻理解马克思主义劳动观及社会主义劳动。

第二,加强劳动知识和技能的学习,掌握劳动实践操作的基本原理、程序规范、要求事项等,认识、学习并掌握各种劳动工具,并重视新知识、新技术、新工艺、新方法的运用。

第三,加强劳动精神、劳模精神、工匠精神的相关理论学习,掌握三种精神的基本内容、思想内涵、精神实质和践行途径,向劳动模范、大国工匠学习。

第四,加强劳动安全和劳动法律法规的学习,学习劳动安全基本知识、劳动安全卫生规程和标准、劳动防护用品使用方法和安全操作规程等,确保劳动安全;学习有关劳动的法律规定、劳动权益保障制度,依法维护合法权益。

3. 主动参加劳动

"喊破嗓子,不如甩开膀子。"要通过劳动涵养个人品德,归根结底要落实到劳动实践之中。

第一,要主动参加日常生活劳动。通过亲自处理个人生活事务,提升生存生活能力,培养自立自强的品质;通过参加爱国卫生运动,掌握做清洁、收纳和整理的基本能力,养成良好的生活卫生习惯。

第二,要主动参加生产劳动。在生产性劳动实践过程中直接经历劳动成果从无到有、从小到大、从简单到复杂、从复制到创造的过程,从而真切地感受到劳动创造价值的获得感、满足感和幸福感;通过生产性劳动学习劳动技能,学会使用劳动工具,培养工匠精神,提升业务钻研能力。

第三,要主动参加服务性劳动。通过服务性劳动,将自身所学的知识和技能为社会和他人服务,培养助人为乐的能力和品质,在各类服务岗位、志愿服务和公益劳动中强化社会责任感和主人翁意识。

(二)在劳动中培育家庭美德

1.形成良好的家风家教

"家庭是社会的基本细胞,是人生的第一所学校。不论时代发生多大的变化,不论生活格局发生多大的变化,我们都要重视家庭建设、注重家庭、注重家教、注重家风,紧密结合培育和弘扬社会主义核心价值观。"习近平总书记的论述强调了家风家教对于培育品德的重要作用。

家风家教是一个家庭的整体精神风貌,是全体家庭成员的思想道德水平的集中体现。一方面,良好的家风家教需要全体家庭成员共同努力和维持;另一方面,良好的家风家教是一种无言的教育,潜移默化地提升家庭成员的思想道德水平。其中,劳动在形成良好家风家教、培育家庭美德方面有不可或缺的作用。一般而言,一个家庭越是崇尚劳动、勤俭持家,越具有良好的家风家教,越有利于培养家庭美德,反之亦然。

明代官员霍韬在家教中强调:"幼事农业,力涉勤苦,能兴起善心。"即要求子女从小就要参加农事劳动,在亲身参与的过程中体会农事劳作的艰辛,以养成勤劳淳厚、勤俭节约的性格品质。

2.言传身教做好示范

"教者,效也,上为之,下效之。"为人父母,要以身作则,率先垂范。一方面要通过"言传"实现劳动认知和劳动观念的代际传递。家长要有意识并不失时机地告诉子女怎么打扫庭院、怎么整理杂物,讲述祖先长辈们如何通过辛勤劳动获得幸福、造福社会,叮嘱养成劳动习惯等;另一方面要通过"身教"实现劳动精神和劳动品质的不言之教。家长要教育子女养成良好的劳动习惯,自己首先要有良好的劳动习惯;家长要教育子女积极参加劳动,自己首先要热爱劳动。

3.合理分配家务劳动

家庭日常生活中所涉及的清洁整理、采购更新、维修保养等各类劳动,要根据家庭成员情况进行合理分配,尤其值得一提的是,子女也要参与合适合理的家庭劳动分工。父母可以分配给子女清扫庭院的任务,帮助子女养成良好的劳动习惯;分配整理的任务,帮助子女掌握收纳小技能,培养一丝不苟的作风习惯;分配维修保养的任务,培养子女勤俭持家的观念等。

总之,合理分配家务劳动,可让每一个家庭成员特别是子女获得家庭意识,懂得责任分担,为将来参与社会劳动和职业劳动积蓄劳动技能和心理能量。

(三)在劳动中培养社会公德

1.培育公共服务意识

第一,通过参与服务性劳动,培养主体意识。即确立主人翁意识,以主体的身份主动参加社会公共性劳动,在劳动中进行公共交往和公共合作,发现并维护公共价值和利益。

第二,通过参加公益劳动,培养责任意识。即在公共劳动中发现责任和义务,提高社会责任感,自觉履行社会责任,积极为社会公共领域贡献自身责任和力量。

第三,通过参与公共劳动,培养合作意识。公共劳动往往需要多人参与并进行有效合作才能圆满完成。这就需要参与者在劳动过程中提高合作、沟通能力,齐心协力完成公共劳动。

2.弘扬热爱劳动风尚

第一,加强宣传,营造热爱劳动的社会精神氛围。良好的社会文化环境是渲染浓浓的劳动氛围的重要因素,也是通过劳动培养社会公德、弘扬热爱劳动风尚的重要保证。充分运用宣传媒体,通过声音、图像、语言、文字,全方位、多角度地进行劳动宣传教育,形成热火朝天的劳动"场",使身处其中的每一个个体潜移默化地被感染、被教育,形成劳动最光荣、劳动最崇高、劳动最伟大、劳动最美丽的社会好风尚。

第二,发挥劳动模范、大国工匠的榜样作用。要通过召开劳模先进事迹报告会、座谈会、交流巡讲等形式,积极宣传报道社会劳动模范、大国工匠的先进典型事迹,在全社会树立学习的榜样;要将凝结其中的劳动精神、劳模精神和工匠精神总结出来、宣传出去,引领和带动更多的人热爱劳动、参与劳动,形成人人热爱劳动、人人争当劳模的良好氛围。

第三,开展各类劳动主题教育活动。创造热爱劳动的社会好风尚,需要每一个社会成员的努力:政府要整合社会各类资源,通过开展公益劳动、进行公益宣传、营造劳动氛围等,为全社会提供"劳动教育大课堂";学校要通过课堂学习、劳动实践、赛事活动等各类劳动主题教育活动,形成"劳动教育主课堂";家庭要主动配合社会、学校教育,鼓励子女积极参加家庭劳动和社会劳动,形成"劳动教育小课堂",共同营造人人热爱劳动、人人参与劳动的良好风尚。

3. 参加服务性的劳动

第一,参加社会公益劳动。以社会主人翁的身份,积极主动参加卫生清洁、环境保护、文明宣传、助老扶幼等公益劳动,充分发挥劳动在个体和社会之间的连接和纽带作用,在社会公益劳动中强化社会责任感。

第二,参加志愿服务活动。践行"奉献、友爱、互助、进步"的志愿服务精神,积极参加社区建设、环境保护、大型赛事、应急救助、专项服务等,运用所学知识和技能为他人和社会提供服务,在志愿服务中强化热爱劳动的良好风尚。

第三,参加服务性实践活动。积极参加公共交通指引、爱心帮扶、咨询服务等实践,在服务性岗位实践中体会平凡劳动的不易和价值。积极参加大学生"三下乡""三支一扶""志愿服务西部计划"等活动,在服务性活动中贡献自己的青春和力量,用实际行动践行热爱劳动的良好风尚。

(四)在劳动中践行职业道德

1. 树立正确的职业价值观

第一,正确看待劳动创造的价值。劳动是社会进步和人类发展的根本力量。劳动没有高低贵贱,每一个平凡的劳动者和劳动岗位都值得被尊重。大学生一方面要尊重各行各业的劳动者及其劳动,珍惜他们的劳动成果;另一方面要立足自身,充分发挥主观能动性,通过自己的努力创造更多价值。

第二,正确对待劳动过程中个人贡献和社会贡献。劳动创造人和人类社会。劳动往往具有个人和社会的双重属性。大学生一方面要通过劳动发展自我,使自己不断成长为全面的人;另一方面要将"小我"融入"大我",自觉承担社会责任,在劳动过程中服务人民,贡献社会。

第三,合理分配劳动价值。劳动是一切价值的源泉。劳动所产生的价值按照"按劳分配"的原则进行分配,多劳多得,少劳少得,不劳不得。大学生要正确对待劳动价值的分配,树立诚实劳动的职业价值观,坚信"一分耕耘,一分收获",杜绝投机取巧、不劳而获的思想和行为。

2. 加强职业劳动技能训练

一方面,通过劳动技能训练,培养良好的职业道德。大学生在进行职业劳动技

个人
劳动

小我

社会
劳动

服务人民
贡献社会

大我

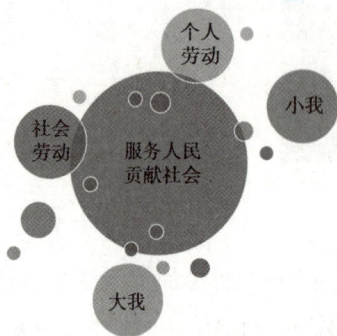

能训练的过程中,通过持续的劳动实践学习技术,同时通过耳濡目染继承其中蕴含的劳动精神和职业精神,从而实现劳动技能和职业道德的双重发展。例如,大学生在学习食品制作与加工技能的同时,还被教育要注意真材实料、讲究卫生,不可偷工减料、缺斤少两;学习机器制造与维修的同时,还被教育安全第一,要保证质量;学习农事劳作技能的同时,还被教育尊重自然节律,顺应自然时序等。

另一方面,通过劳动技能训练,培养过硬的职业素养。大学生参加专业技能学习和职业能力训练,对当前和未来职业生活具备基本认知,获得胜任劳动岗位的能力和底气,形成过硬的职业素养。例如,学习食品制作与加工技能,具备精选材料、精益求精的能力,再通过刻苦钻研、精心制作,形成良好的烹饪职业素养。

3. 践行劳模精神、工匠精神

一方面,学习劳动精神、劳模精神和工匠精神的基本内涵。大学生要通过学习,坚定"劳动托起中国梦"的理想信念,深刻认识到自身所肩负的时代使命,树立爱岗敬业的职业道德和崇高职业理想,立足本职,成为中国特色社会主义伟大事业的建设者和主体力量。

另一方面,自觉地、积极地践行劳动精神、劳模精神和工匠精神。大学生要以劳动模范、大国工匠为榜样,从自身做起,从现在做起,从一点一滴的小事做起,脚踏实地地完成每一项劳动任务,在平凡的小事中做出不平凡的成果,在一点点的努力中贡献自己的青春力量。

【案例分析】

张定宇,作为收治患者最多的武汉金银潭医院的一院之长,他另外的身份是一名渐冻症患者。行动不便的他,在武汉疫情期间,每天接上千个电话,处理无数突发事件,无暇顾及感染新型冠状病毒的妻子,始终坚守在抗击疫情最前线。他说:"我很内疚,我也许是个好医生,但不是个好丈夫。我们结婚28年了,我也害怕,怕她身体扛不过去,怕失去她!"别人眼里风风火火的铁血男儿,害怕失去挚爱的缱绻,湿了他的泪眼。一天睡眠不到两个小时的张定宇,和病魔争夺时间。"我必须跑得更快,才能跑赢时间,把重要的事情做完;我必须跑得更快,才能从病毒手里,抢回更多的生命。""以后我会被固定在轮椅上,我现在为什么不多做一点?"

思考:

(1)张院长具备哪些优良的道德品质?

(2)张院长的这些优良品质从何而来? 又是在哪里体现的呢?

【拓展探究】

姓名		学号		班级	
1	问题:在生活中,你曾经通过劳动获得哪些优良的道德品质呢?				
	思考作答:				
2	问题:有人认为参加公益劳动是自我的消耗。你怎么看?				
	思考作答:				
3	问题:有人说,清扫大街的清洁工对社会的贡献没有科学家多,所以学生应立志成为科学家而不是清洁工。你怎么看?				
	思考作答:				
教师评语					

第二节　以劳增智

以劳增智,即通过劳动帮助大学生提升劳动技能水平,成为高素质劳动者。反之,智力水平越高,劳动能力越强。然而在现实生活中,往往存在下列现象。

材料一:

人工智能时代来了。随着社会科技的发展,越来越多的劳动被智能机器所取代。卫生清洁由扫地机器人负责;农事劳作有大型机械化作业;产品生产由流水线机器完成;售票、指引、公共服务越来越趋于无人化、智能化……这不禁让人们迷茫:人工智能时代,还需要劳动吗? 还有劳动岗位吗? 学习劳动技能还有必要吗?

材料二:

住校学生被老师要求打扫宿舍和教室卫生,大家便凑钱买了一台吸尘器,解放了双手还保证了环境卫生。但是没过多久,老师就发现并没收了吸尘器。同学们感到很委屈:有吸尘器和家政公司,为什么还要我们做清洁? 将来不是靠知识拼能力立足社会吗? 有必要将宝贵的学习时间浪费在打扫卫生上吗?

思考:

(1)劳动是增长才智的阻碍吗?

(2)有高水平才智就不用参加劳动了吗?

一、劳动与增长才智的辩证关系

(一)劳动是增长才智的基本手段

1. 从人类社会的发展起点来看,劳动推动人的进步

远古时期,人类的祖先古猿和其他动物一样,依靠本能在自然界生存。为了更好地适应生存环境,获得食物和安全,古猿前肢(手臂)用来获取食物,后肢(腿脚)紧握树干以保持平衡,即"手脚的运用有了某种分工"。古猿到地面后,一方面用手臂借助树枝等工具获取更多食物;另一方面用石块当武器战胜野兽,手脚的分工固定下来了,并采取了直立行走的姿态。于是,"经过多少万年之久的努力,手和脚的分化、直立行走,最终确定下来了,于是人就和猿区别开来,于是音节分明的语言的发展和头脑的巨大发展的基础就奠定了,这就使得人和猿之间的鸿沟从此成为不可逾越的了"。体质结构的进化,特别是手的发展,古猿与自然的斗争能力有了很大提升,脑髓随之发展。经过无数劳动经验的累积,古猿学会了制造石刀(劳动工具),人

与动物"最后的本质区别"随之形成。从此,猿手成为人手,猿脑成为人脑,猿成为人,猿的活动成为人的劳动,猿群成为人类社会。总之,劳动产生人本身。

劳动不仅产生人类,而且推动人类由低级到高级阶段不断发展。从南方古猿到直立猿人,从古人到智人,人类发展的每一个阶段都是身体结构、智力水平、生活条件进步的过程,而发展进步的推动力就是劳动。有研究显示,南方古猿的脑容量平均为 508 毫升,高于一般化石猿类;直立猿人的脑容量平均为 1 075 毫升;古人脑容量达 1 300 ~ 1 600 毫升,与现代人相当。由此可见,没有劳动,古猿就不可能发展为人,没有劳动,原始人类的智力水平不可能提高并发展为现代人。所以,人类的智力水平在劳动过程中不断提高,劳动推动人和社会进步。

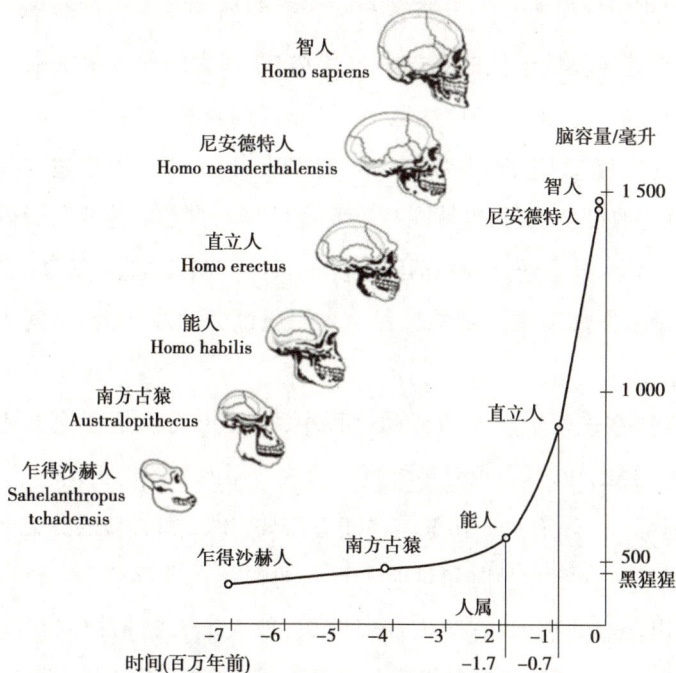

2. 从人们认识世界的过程来看,劳动提升认识水平

第一,劳动实践是人们认识世界的基本出发点。"这是一些现实的个人,是他们的活动和他们的物质生活条件,包括他们已有的和由他们自己的活动创造出来的物质生活条件。""现实的人"即认识主体,是从事实践活动和物质生产的人(即劳动者),他们认识世界的基本出发点是"物质生活条件",这是通过劳动创造出来的。由

此,人们认识世界的基本出发点是劳动实践,没有劳动创造的物质世界,人们的认识将无从出发。

第二,劳动实践是人们认识水平提升的基本手段。人的认识活动要经历实践—认识—再实践—再认识的辩证发展过程。人的认识水平要提高,需由感性认识飞越到理性认识,实现飞越的基本手段即劳动实践。也就是说,人的认识能力之所以具有真理性、现实性,是因为在认识的过程中以劳动实践作为基本手段。

第三,劳动实践使认识的目的具有批判性。"人的思维是否具有客观的真理性,这不是一个理论的问题,而是一个实践的问题。"即判断认识是否具有真理性的视角,不能用理论进行抽象的验证,而应在劳动实践中进行检验,这就使认识活动具有了现实批判性,无形中提升了认识水平和能力。所以,"人应该在实践中证明思维的真理性,即自己思维的现实性和力量,亦即自己思维的此岸性"。

3. 从劳动创造的实践过程来看,劳动创造知识技能

从劳动创造的过程来看,"人通过在两者之间插入一个为其劳动目的而安排规定的,并作为传导体服从于他的意志的自然物,在多大的程度上加强了他的直接劳动对自然物的影响"。当人拥有"为其劳动目的"以自然物作为劳动工具时,劳动的过程亦即"改造世界"的过程,并物化为人的本质力量。"当他通过这种运动作用于他身外的自然并改变自然时,也就同时改变他自身的自然。他使自身的自然中蕴藏着的潜力发挥出来,并且使这种力的活动受他自己控制。""这种运动"即劳动作用于自然,同时也是人发挥本质力量的过程。人们通过劳动改变世界,其实也是提升自己的本质力量。

具体而言,"在这种生产性的劳动过程中,发展出无论是理论上还是实践上的'教养':多种多样的知识、设想对某种目的来说适用的手段的灵活性、对错综复杂和普遍关系的理解——所有这一切都是伴随着需要、手段和劳动的分化而产生的。劳动教育已经通过对业务的习惯和对他人意志的顾及在进行了。它教育出客观实际的活动,教育出普遍的技能;它对人加以管教,使人上升到精神的普遍的东西。"因此,劳动的过程,一方面受到现有劳动文明成果的教育和熏陶,从而获得"普遍性"的劳动能力;另一方面与现有的劳动文明成果进行交互、碰撞,使人创造新知识和新技能。

(二)智力发展推动劳动能力提升

1. 从智力水平的纵横方向的比较来看,智力与劳动能力成正比

从人的智力水平的纵向比较来看,南方古猿正是利用灵长类动物的简单脑力,

总结生存劳动中的经验,逐步实现手脚分工、直立行走,才有人和猿的本质区别。后来,随着人的智力水平不断提高,人用其他灵长类动物所没有的"无中生有"的智慧,先在大脑中构建,再通过劳动将工具创造出来,于是逐渐有了石器(分为旧石器和新石器)、青铜器、铁器、蒸汽、电气和人工智能等。因此,随着人的大脑日益发达和智慧的不断增长,人的劳动能力也随之不断提升。

从人的智力水平的横向比较来看,智力水平越高,越能掌握更多的劳动技能,越有能力驾驭劳动工具,从而拥有更高的劳动能力,生产更多的劳动价值。南方古猿相较其他灵长类动物,其正是运用简单脑力去思考和总结劳动经验,才能用树叶遮雨、用树枝获取果实、用石器抵御侵略并猎取食物,从而让自己在动物界脱颖而出。

2. 从创造性和复杂性劳动的要求来看,需要智慧和才智的支撑

人们完成的任何一项劳动,本质上是有目的的、对象性的意识活动,都离不开人的智慧和才智的支撑。"蜘蛛的活动与织工的活动相似,蜜蜂建筑蜂房的本领使人间的许多建筑师感到惭愧。但是,最蹩脚的建筑师从一开始就比最灵巧的蜜蜂高明的地方,是他在用蜂蜡建筑蜂房以前,已经在自己的头脑中把它建成了。"蜘蛛的活动和纺织工的劳动相似却有根本区别,原因在于纺织工的劳动有人类特有的智慧和才智支撑。正是有充满智慧的纺织劳动,才有了各种技艺类型的纺织品,如线织、针织、机织、绳织等。蹩脚的建筑师之所以比灵巧的蜜蜂高明,是因为建筑师既有劳动技能和经验的指导,又有劳动的目的性和预见性。由此可见,任何劳动,特别是创造性劳动和复杂性劳动,需要智慧和才智的支撑。

另外,在劳动的过程中,人们往往会面临很多问题,更需要依靠智慧和才情去解决。南方古猿不懂得使用劳动工具进行生存劳动,就难以进化发展为人类;原始人类不会创造和发明,就不可能产生旧石器、新石器、青铜器、铁器、蒸汽机、人工智能等一代又一代劳动工具,劳动能力和人类社会发展也就无从谈起。现代社会更是如此,随着科技水平的日益发展,人们从事的劳动更为复杂、更具有创造性,需要更多的智慧来完成。

3. 从劳动与智力的辩证作用过程来看,智力推动劳动能力提升

从劳动能力和智力发展的辩证作用过程来看,劳动的发展推动智力水平的提升,智力推动劳动能力提升。

实践出真知。劳动的过程,即是人们探索知识、积累经验、提升能力的过程。人们通过劳动逐步提高自身的知识和能力水平。随着人的知识和能力水平的发展,必然推动其劳动能力提升。

以人的成长过程为例。婴幼儿时期，人的大脑尚未发育完全，还不足以参加劳动实践，其劳动能力必然低下；少年时期，人的大脑基本发育完全，智力水平随之提高，可以从事简单或体力劳动，其劳动能力也随之提升；青壮年时期，人的智力、知识和能力处于高峰值，在劳动实践中积累了丰富的知识、技能和经验，逐渐拥有了探究学习、解决问题、创新创造等多方面的能力，从而推动劳动能力进一步提升，表现为具有更高的劳动效率、驾驭更复杂的劳动工具，生产更多的劳动产品和劳动价值等；老年时期，人的大脑日益萎缩，思维活跃度下降，体力、学习和创造能力日渐减弱，从而劳动能力也随之弱化。

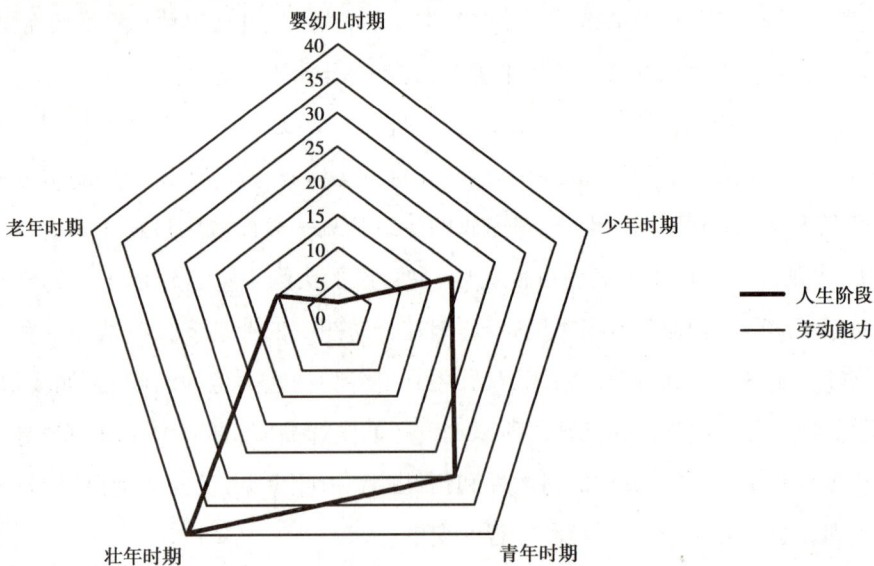

【案例分析】

很多家长认为，孩子只要学习成绩好就行。在家里，父母应该竭尽所能照顾好孩子的生活。因此，很多学习成绩优异的孩子在家什么事都不做，什么事也不想做，什么事也不会做。

还有家长带着孩子去体验基层辛苦劳动，以此鞭策孩子要好好学习成为高素质人才。

思考：

(1)你如何看待"不好好学习就只有扫大街"的观点？

(2)你认为劳动能够促进大学生成为高素质人才吗？

二、在劳动中增长才智

（一）在劳动中检验旧知识

"人应该在实践中证明自己思维的真理性，即自己思维的现实性和力量，亦即自己思维的此岸性。"实践是检验真理的唯一标准。根据知识的不同类型，检验已经掌握的知识大体分为直接检验和间接检验两种方式。具体内容如下。

1. 在劳动中直接检验知识

在学习过程中，有些知识和经验可以直接与劳动实践对接，并与劳动结果进行直接比较。俗话说，种瓜得瓜，种豆得豆。在农事劳作中，可以亲自按照种植技术和要求去种植瓜豆，结得的果实亦可直接进行检验。这类知识和经验往往以单称陈述的形式存在，检验这类知识可以直接拿它和劳动事实进行比对，从而判断真假、正误，这种方法即直接检验。

2. 在劳动中间接检验知识

学习过程往往是复杂的，还有很多知识和经验无法直接与劳动实践对接，也很难直接与劳动结果进行比较。在农事劳作中，按照种植技术和方法去种瓜豆，结果有可能长出其他植物类型。此时就不能简单地将劳动结果和知识经验进行直观对比，需要先对其做出理论说明（即科学假说），再进行劳动实践，并再次与理论说明进行检验，这种方法即间接检验。

在劳动过程中，无论是直接检验知识还是间接检验知识，都是增长才智的有效途径。

第一，劳动实践的检验使所学知识带有批判性。由于已掌握的知识和技能要通过直接或间接的劳动实践的检验，人们为了确保所学知识的正确性，必然会带着批判的态度去思考。批判性思考的过程即是思维能力提升的过程。

第二，劳动实践检验的过程即是学习的过程。在直接检验中，通过劳动实践不仅检验劳动结果，同时检验劳动过程中的工具使用、知识技能和方法规律，这也是知识和经验的再确认和再学习，有利于熟练掌握和运用知识；在间接检验中，"理论—实践—再理论—再实践"是检验的过程，其实也是学习的过程，每一次的检验都是前一次的螺旋上升，人的知识、能力、素质和智力水平都随之提升。

第三，劳动实践检验结果可以提高认知水平。不管是直接检验还是间接检验，其结果不是目的，而是手段。例如，古人为了取火最初采用钻木取火，后来经过劳动实践的检验发现利用摩擦生热的原理，也可以用火石取火，再经过反复的劳动实践，又发展为燃料取火（例如火柴）、电子取火等。这个过程就是从个别到一般、由一种到多种的思维方式,无疑推动着人们的认识水平不断提高。

(二)在劳动中学习新知识

劳动实践是具有生产性的劳动。"意味着不仅有劳动生产价值,而且在劳动的基础上,还有政治活动生产着新的政治形式和法律形式,道德活动也在生产着新的道德规范和价值观念。"劳动当然也产生新的知识和技能。因此,要通过劳动学习知识技能,提升智力和能力,途径如下。

1. 在劳动中学习基本知识技能

任何一项劳动,都有其知识技能要求。参加劳动是学习基本知识技能的有效途径。在传统农耕时代,我国劳动人民在农耕劳作中发现一年气候的冷热变化对农事生产有很大关系,于是掌握了一年春夏秋冬四个季节,并逐渐采用春天播种、夏天管理、秋天收获和冬天储藏的农事规律。为了收获更多的粮食,更好地安排农事活动,提高耕作效率,人们又逐渐确立了立春、雨水、惊蛰等二十四节气,通过掌握细致的气候变化来详细安排农事。后来,二十四节气不仅是中国劳动人民从事农业生产的指南,也是生活指南。人们根据二十四节气来起居养生,安排一年的生活节律。因此,劳动实践使人们掌握规律,获得知识和技能。

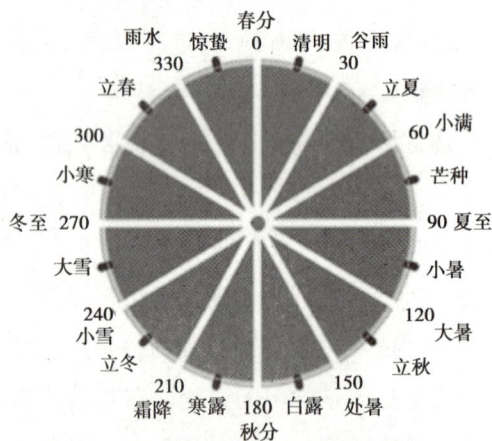

另外,值得一提的是,很多知识和技能只能通过劳动来获得。渔民要想获得捕鱼的劳动技能,单单从书本或他人经验传授中很难真正掌握。只有亲身下水,才能知道自己适合深海作业还是浅水捕捞,知道哪里是合适的捕捞环境、怎样提高捕捞效率等。司机要获得驾驶机动车的能力,如果仅仅依靠驾驶理论,即便对所有机动车驾驶原理了如指掌,也应付不了驾驶过程中的复杂情况,并未真正掌握驾驶技能等。

2. 在劳动中学习他人的先进经验

在劳动过程中，不仅能学习到直接经验和技能，还能学习到他人的间接经验和先进经验。人的劳动实践是相对有限的，人们从事的劳动总是在前人的经验基础上进行的，是"具体的，历史的"。我国劳动人民按照二十四节气来安排农事生产，而不是每一个农民都要亲身观察季节变化、总结节气规律再进行农事安排。他们是根据前人既有经验和规律，在劳动实践中继续观察、继续总结、继续创造，形成新的知识和技能。我国地域辽阔，不同地域的劳动人民根据二十四节气，再结合所在地域的具体情况，进行进一步调整和细化，如此才有了东北小麦一年一熟、长江流域一年两熟以及华北两年三熟的具体农事安排。

在劳动过程中，不仅要学事，还要学"人"。劳动中总是会涌现出大量的先进典型和劳动模范人物，他们往往具有正确的劳动价值观、良好的劳动习惯和品质、更强的劳动能力、更高的劳动效率，并凝结成一种劳动精神。大学生向劳模学习，既要学习"有形的知识"，即具体的劳动知识和技能，还要学习"无形的知识"，即劳模身上所凝结的劳动精神，并落实于行动之中。在劳动模范的引领下，人们不断进步，一代胜过一代，从而推动知识和认识水平的不断提升。

【互动探索】

手脑并用：制作风筝

早在春秋时期，我国劳动人民就发明了风筝，距今已有2 000多年的历史。《韩非子·外储说》有记载：墨子居鲁山"斫木为鹞，三年而成，飞一日而败"。相传最早墨子研制三年，用木头制成木鸟，是为风筝。因而墨子也被称为风筝的鼻祖。后来墨子的学生鲁班根据墨子的理想和设计，改进风筝的材质，把竹子劈开并削磨光滑，再用火烤使之弯曲，将风筝制成喜鹊的样子，称为"木鹊"，可在空中飞三天之久。《墨子·鲁问》记载："公输子削竹木以为鹊，成而飞之，三日不下。"东汉蔡伦改进造纸术后，坊间才有了纸质风筝，称为"纸鸢"。

清代诗人高鼎有诗描绘了早春时人们放飞风筝的生活图景：

草长莺飞二月天，拂堤杨柳醉春烟。

儿童散学归来早，忙趁东风放纸鸢。

那么如何制作风筝呢？让我们一起动手制作并开动脑筋思考以下问题吧！

序号	问题	解答
1	为什么墨子的风筝"飞一日而败",鲁班的风筝却能飞"三日不下"？	
2	为什么后来人们将"木鸟"改为"纸鸢"？	
3	根据风筝的起源和以往经验,请列举制作风筝需要的材料和工具。	
4	你可以获取哪些材料和工具？缺少哪些？有无替代品？如何解决？	
5	你准备在制好的风筝上标注什么图案？有什么寓意？	
6	你制作的风筝能飞起来吗？为什么？	
7	如果风筝飞不起来,你打算如何处理？	
8	通过制作风筝,你联想到了什么？学习到了什么？	

【拓展探究】

	姓名		学号		班级	
1	问题:中国传统观念中有"学而优则仕"的说法,你是否认同？为什么？					
	思考作答:					
2	问题:你认为在劳动中的见闻和收获是学习吗？为什么？					
	思考作答:					

3	问题:有人说,在人工智能时代下,每个人应该竭尽所能做自己擅长的事从而为社会做出贡献,而不应该在学习生活技能上浪费时间。你怎么看? 思考作答:
教师评语	

第三节　以劳强体

以劳强体,即通过劳动帮助大学生强健体魄,保持身心健康。强健的身心素质是开展劳动的基础。古今名家对劳动与强身健体进行了精辟的阐述。

材料一:

孟子曰:"故天将降大任于斯人也,必先苦其心志,劳其筋骨,饿其体肤,空乏其身,行拂乱其所为,所以动心忍性,曾益其所不能。"

材料二:

恩格斯在《反杜林论》提出:"通过社会化生产,不仅可能保证一切社会成员有富足的和一天比一天充裕的物质生活,而且还可能保证他们的体力和智力获得充分的自由的发展和运用。"

材料三:

马克思在《资本论》中谈道:"单个人如果不在自己的头脑的支配下使自己的肌肉活动起来,就不能对自然发生作用。正如在自然机体中头和手组成一体一样,劳动过程把脑力劳动和体力劳动结合在一起了。"

思考：

（1）人为什么要接受体力劳动的磨炼？

（2）为什么说参加社会化劳动生产可以实现体力的自由发展？

（3）为什么劳动可以将脑力劳动和体力劳动结合起来？

一、劳动与强健体魄的辩证关系

（一）劳动是强健体魄的基本形式

1. 劳动促进人的肢体协调

第一，劳动使人的手脚协调。远古时期，南方古猿为了适应平地的生活方式，手和脚有着不同的用途：脚摆脱用手帮助的习惯，逐渐直立行走；手则越来越多地用于从事劳动活动，例如采摘和拿取食物，搭建木棚以遮风挡雨，投掷树枝、石块以抵御侵略等。手脚分工完成了"猿转变到人的决定意义的一步"，此后"自由"的双手越来越多地用于从事复杂劳动，变得越来越灵活，与脚和整个身体越来越协调。所以，"手不仅是劳动的器官，还是劳动的产物"，劳动使人的手脚日益协调。

第二，劳动使人的感官与大脑协调。南方古猿手脚的协调使劳动进一步发展，且相互之间的劳动协作越来越多，"已经到了彼此间有些什么非说不可的地步了"，于是促进了发音器官的改造，并逐渐发出一个个清晰的音节，即语言产生。语言的产生扩展了猿的感官机能，同时推动脑髓的发展。总之，在劳动过程中，人的感官、语言和大脑变得越来越协调。

第三，劳动使人的手脑协调。随着人的手、脚、发音器官、感官和大脑的发展，它们变得越来越协调，人有了更高的劳动能力去从事越来越复杂的活动，特别是手脑的协作变得越来越重要。"劳动本身一代一代变得更加不同、更加完善和更加多方面"，从狩猎到农耕，从手工到商业，再到艺术和科学的出现，劳动变得越来越完善和复杂，同时推动人的手和大脑越来越协调，以适应劳动的需求。

2. 劳动调整人的身心节律

一方面，劳动调整人的身体和大脑的节律。从人的成长发展的纵向来看，幼儿时期，简单的劳动有助于开发大脑，促进身体发育，帮助健康成长；青壮年时期，劳动既有脑力思考又有体力支撑，脑力和体力相互调节，从而实现全面发展；老年时期，人的大脑和肢体日渐衰老，适度的劳动可以提高老人的身体机能，增强或维持器官功能，从而有助于延缓衰老、健康长寿。

另一方面，劳动调整人的精神和情绪的节律。从人的身心发展的波普来看，人的身心情绪会因为年龄、环境、事件等出现不同程度的起伏状。当人的情绪、精神和体力处于高潮期时,劳动有助于激发灵感,推动人的全面发展;当人的情绪、精神和体力处于低潮期时,适度的体力性劳动有助于激发心智,缓解低落情绪,从而调整人的精神和情绪的节律,为以后的发展积蓄身心能量。

3.劳动强健人的体格筋骨

一方面,劳动有助于锻炼肢体的灵活性。我国宋代欧阳修有文《卖油翁》。讲的是康肃公陈尧咨擅长射箭,十中八九,以此沾沾自喜。卖油的老翁不以为然,拿出一个葫芦放在地上,葫芦口放一枚铜钱,老翁慢慢往葫芦中倒油,油从钱孔注入而钱没有湿。老翁说:这没什么奥秘,无非是手熟练罢了。从卖油翁的故事可以看出,正是由于老翁有长时间的倒油经验,才使双手变得灵巧和协调。所谓"熟能生巧",讲的就是这个道理。劳动推动肢体"熟练",进而"生巧"。

另一方面,劳动有助于强筋健骨。劳动过程中有相当一部分劳动任务需要劳动者手脚并用、出力流汗,这些劳动的过程,有助于帮助人们强筋健骨。例如,耕种类劳动,可以协调四肢和躯干的配合,保持身体的灵活;采摘类劳动,可以伸展身体,活动腰背肌肉,保持肩颈健康;狩猎类劳动,既有集中注意力的等待,又有快速的追捕,相当于"有氧运动",达到健身效果等。

(二)身心健康是劳动实践的基础

1.身体是劳动的基本动力

劳动创造了人。劳动作为一种实践活动,是"身体力行"的行为,人作用于劳动的逻辑起点是身体。劳动创造了人的手、脚、语言和大脑,从而产生人和人的身体。人的身体形成后,反作用于劳动实践,推动劳动的发展,从这个意义上讲,没有人的身体,就没有人的劳动。劳动、身体和人是具体历史的统一。

人的身体包含三种属性,即生物性属性、个体性属性和社会性属性。根据这三种属性,人的身体又可以分为生物性身体、个体性身体和社会性身体三种。生物性身体承载着不同的身体器官,既有手、脚、躯干等身体"机械",为劳动提供"工具",又有眼、耳、鼻、舌等感受器官,调节劳动的节律,因此生物性身体是劳动的"动力之源"。个体性身体作为劳动主体,具有积极主观能动性,附着在身体上的思维、情感和认知等精神要素,形成劳动品质和劳动习惯,进一步推动劳动发展,因此个体性身体是劳动的"精神动力"。社会性身体着眼于身体与社会的相互作用,身体通过劳动与他人、环境和社会进行交互,并在交互作用中产生劳动价值和劳动价值观,实现个体价值和社会价值的统一,因此社会性身体是劳动的"持续动力"。

2.劳动依赖于健康的身心

在劳动过程中,有些劳动例如耕种、狩猎、制造、施工等,主要运用肢体器官来完成;还有些劳动如设计、决策、运筹、分析等,更多依靠大脑来完成。根据劳动方式的不同可以分为体力劳动和脑力劳动。无论是体力劳动,还是脑力劳动,都依赖于健康的身心。具体而言:

一方面,身心健康是体力劳动的基础。"身体是革命的本钱。"体力劳动因主要运用肢体器官来完成,更依赖于健康的身心。健康的身心标志着旺盛的生命力,促使人们用最好的体力和情绪状态投入劳动之中。反之,如果一个人体弱多病、无精打采、有气无力,很难从事体力劳动或者劳动效率低下。健康的身心还意味着身体功能的健全,确保人们用肢体活动来完成体力劳动的任务。反之,我们很难想象没有灵巧的双手却能够毫不费力地完成织绣劳动,也很难想象双腿残瘫却可以轻松下地耕种、上树采摘。

另一方面,对健康身心的依赖,脑力劳动丝毫不亚于体力劳动。尽管脑力劳动更多依赖于大脑思考,但是如果没有健康的身体,大脑很难拥有高频能量,进而影响脑力劳动的发展。生活中有些科研工作者由于长期从事脑力劳动,不注重锻炼身心,积劳成疾,有的甚至英年早逝,就是忽视了脑力劳动对身心健康的依赖作用。

【案例分析】

报社编辑小美日常工作很忙。为了提高工作效率,节约更多时间,小美充分利用现代科技新成果。一日三餐点外卖,家务清扫靠扫地机器人,收纳整理有智能衣柜,日常通勤选用网约车,智能管理包揽了小美生活的方方面面。

久而久之,小美身体健康状况每况愈下。医生认为这是日常缺少活动,导致肢体机能萎缩,建议小美减少使用智能机器,加强身体锻炼。小美感到很为难:智能机器的发明就是为了解放人的身体,减少使用岂不是变相阻碍科技进步?另外,我工作已经很忙了,哪有时间做家务?更没有时间锻炼身体!

思考:

(1)在科技日新月异的现代社会,我们是否还需要劳动?

(2)脑力劳动完全替代体力劳动后会有什么危害?

二、在劳动中强健体魄

（一）在劳动中促进肢体协调

1. 在劳动中协调肢体

通过参加手脚并用式劳动来协调肢体的联动,掌握平衡支点,从而促进肢体协调。

前脚掌作为人体的终端,在人们日常活动中很少用到,如果缺乏足够的锻炼,可能会导致手脚不协调。可以驾驶汽车来促进手脚的协调,因为脚踩离合等踏板的过程就是对前脚掌训练的过程,再加上手持方向盘的配合,久而久之可以提升神经末梢运动能力,从而促进手脚的配合。

另外,扫地时不要总是采用弯腰、斜背这种一成不变的姿势,可以拉开双腿呈弓步、马步交替变换,双臂轮换进行清扫。另外腰背还要保持挺直,交替抬头伸颈和向后仰头。这样,无形中简单重复的扫地劳动就转换为协调肢体的健康运动,在清洁的同时协调了肢体,可谓一举两得。

2. 在劳动中协调手脑

通常情况下,劳动往往是手、脑并用式的劳动,几乎不存在纯体力劳动或单一脑力劳动。因而,参加劳动的过程,——不管是什么劳动,总是能够协调手、脑。具体而言,就是要根据实际需要进行"换脑"式劳动。

一方面,从事脑力劳动较多的劳动者,如科研工作者、教师,要有意识地参加体力性劳动,如家务清洁、物品收纳、动植物养殖种植等,从而减少大脑的劳动负荷,缓解脑疲劳,促进全脑细胞的再次平衡运动。同时,身体参与劳动,进一步增进手、脑的配合,还能更进一步激发大脑的活跃度,帮助人们保持身心健康。

另一方面,从事体力劳动较多的劳动者,如清洁工、搬运工,要积极参加脑力性劳动。清洁工在清扫街道的同时,丈量街道长度,计算清扫频次,研究清扫效率,从而保持思维的活跃性。搬运工在搬运货物的同时,思考省力办法,提升搬运效率。还可以在工作之余进行研究适用于搬运的小发明、小创造,创造制作代替搬运的劳动工具和机器,既减轻了体力支出,又锻炼了脑力,协调了手、脑。

3. 在劳动中协调感官

在劳动过程中,人们要充分调动各项感觉器官:用皮肤去触摸,用眼睛去看,用鼻子去闻,用舌头去尝,用嘴巴去说,从而激发身体神经的感知力,促进感官的协调。

在参加捕捞类劳动时,要集中注意力找寻最佳撒网地点和时机;耐心等待猎物进网的同时,感受大自然的美好,深吸森林或海洋中特有的空气;抓捕到猎物后,用手触摸、捕获等。从而在劳动中，促进感觉器官、肢体和大脑的良性互动。

在参加饲养类劳动时，要仔细观察饲养对象的行为习惯和喂养需求；用心准备和搭配合适的饲料；将饲养对象放置于生活和自然环境之中，感受生命的力量；用语言和它们进行交流等，在科学饲养的过程中扩展劳动者的感官世界。

(二)在劳动中平衡身心节律

人的器官机体、心理情绪都具有一定的周期节律。农耕时代人们习惯于"日出而作，日落而息"，就是在劳动中调节身心节律的生动表达。具体内容如下。

1. 在劳动中平衡短期身心节律

例如，根据一天中人的身心机能状况来安排劳动事项：上午人的大脑活跃，酶的活性、肾上腺皮质激素等机能较强，心理情绪状态较为亢奋，思维活跃，可以安排脑力劳动，以配合高亢阶段的身心机能。下午人的机体活跃度和情绪状态有所下降，可以安排体力劳动或手脑并用型劳动，以维持手、脑的兴奋度。晚上人的机体活跃度和情绪状态进一步下降，不宜安排强烈的劳动活动，以免影响睡眠质量，可以安排慢性劳动如织绣、描绘等，以此来调节一天的身体节律。

2. 在劳动中平衡长期身心节律

例如，根据人的各个年龄阶段的身心机能来安排劳动事项：少年时期处于身体生长发育的旺盛阶段，机体器官功能在不断完善发展中，情绪易激动，不够稳定，活泼好动，因此可以安排简单易行的劳动，如清扫类、整理类等。青壮年时期，人的身体发育完全，身体机能功能完善，心智、情绪趋于稳定，自控力较好，因此可以安排创造性、复杂性劳动。老年时期人的身体机能日渐衰退，情绪虽然稳定但是易悲观失落，可以安排手、脑并用但简单易行的劳动，如饲养小型家禽、种蔬菜等，以此来调节整个生命周期中的身体节律。

(三)在劳动中强健体格筋骨

1. 在劳动中锻炼肢体的灵活性

在劳动过程中，要有意识地运用身体各个器官的机能，增加活动频次，锻炼肢体的灵活性。

在日常家务劳动中，擦地板可以用脚趾来完成。用脚趾擦地时，左脚踩住抹布，右脚趾和脚踝联动来回用力与地摩擦，左右脚交互进行。这样，可以在完成家务劳动的同时，锻炼脚趾的灵活性。在参加洗刷类等家务劳动时，要用双手带动手臂和物品直接接触，通过摩擦、转动等动作，手臂、手掌和手指协调来完成，这是手部肌肉群综合运动的过程，可以有效提高手指的灵活度。

2. 在劳动中增加筋骨的强韧度

在劳动过程中,要有意识地加大肢体活动的张力,在大开大合式的肢体活动中增加筋骨的韧度。

参加搬运类劳动,既有腿部锻炼,又有直腰运动;既有手臂拉伸,又有脊柱受力,再配合呼吸和运气,形成挺腰、收腹、呼吸和肢体联动的运动。这也是调整颈椎受力点的有效途径,从而达到强筋健骨的作用。参加修葺房屋类劳动,不管是搬运建筑材料,还是攀爬修葺,都尽可能舒展四肢,扩大手臂和腿部力量的张力,从而拉伸肌肉韧带。另外在劳动过程中,还要有意识地变化各种劳动姿势,尽可能使全身肌肉、韧带得以舒展,从而起到增加筋骨韧度的效果。

【互动探索】

小组活动:劳动中的健身活动

活动一:劳动创意活动100项

以小组为单位(5人一组为宜),列举在劳动中的100种健身活动(或动作),并按顺序写下来。

活动二:劳动健身项目设计

以小组为单位(同上),选取一项劳动(如洗碗、拖地、搬运等),把它设计为一项锻炼身体项目,并坚持实践一个学期,观察自己身体变化并记录下来。

团队名称		队长		队员	
劳动项目					
劳动健身项目					
劳动健身目标					
劳动健身效果					
活动心得体会					

【拓展探究】

姓名		学号		班级	
1	问题:有人认为体力劳动又苦又累。你怎么看?				
	思考作答:				
2	问题:有人说,科技将人的四肢从烦琐的体力劳动中解放出来了。你怎么看?				
	思考作答:				
3	问题:有人说,健身可以保持身体健康,而体力劳动只能造成身体的耗损,因此很多人积劳成疾。你怎么看?				
	思考作答:				
教师评语					

第四节 以劳育美

以劳育美,即通过劳动帮助大学生发现美、创造美、展示美和感受美。反之,美能够提升劳动的品位。很多名家对"劳动美"进行了精彩的描述。

材料一:

蔡元培曾说:"例如采莲煮豆,饮食之事也,而一入诗歌,则别成兴趣。火山赤舌,大风破舟,可骇可怖之景也,而一入图画,则转堪展玩。是则对于现象世界,无厌弃而亦无执着也,人既脱离一切现象相对之感情,而为浑然之美感,则即所谓与造物为友,而已接触于实体世界之观念矣。"

材料二:

孙中山在《建国方略》中说道:"夫悦目之画,悦耳之音,皆为美术;而悦口之味,何独不然? 是烹调者,亦美术之一道也。"

思考:

(1)为什么采莲煮豆、烹饪制作这些劳动活动具有美感?

(2)美的标准是什么?

一、劳动与审美提升的辩证关系

(一)劳动创造和发展美

1.劳动创造美

第一,劳动产生美。劳动作为人与自然之间的物质交换活动,具有改造自然和改造自身的双重作用:一方面劳动产生审美的对象。人在长期的劳动实践中,对其所赖以生活的自然界进行长期的对象性作用,"人化的自然"是人改造对象世界的劳动实践的结果,"自然界才表现为他的创造物和他的现实性",即审美对象得以产生;另一方面劳动产生审美主体。人在劳动过程中对自然界不断认识和改造,才能发挥自身的本质力量、促进自我全面发展。人具有创造美、发现美和欣赏美的能力,从而成为审美主体。

第二,劳动决定美的表现形式。美不是抽象的,而是具体的、历史的。美的表现形式是人们劳动实践过程的真实的、生动的表达,是个人审美主体意识和社会审美主体意识的统一。于是,美的表现形式具有时代性(如石器之美、青铜之美、铁艺之美、工业之美等)、地域性(如海洋美,平原美,高山美等)、民族性等差异。总之,劳动决定美的表现形式,随着劳动主体本质力量的不断提升、劳动对象性活动的增多、劳动作用范围越来越广,美的表现形式随之越来越丰富。

第三,劳动决定美的标准。"动物只是按照它所属的那个种的尺度和需要来建造,而人却懂得按照任何一个种的尺度来进行生产,并且懂得怎样处处都把内在的尺度运用到对象上去;因此,人也按照美的规律来建造。"一方面,"是否按照美的标准"是人的劳动实践区别于动物活动的重要标志;另一方面,"美的标准"是在美的主体和美的对象相互作用的过程中产生的,是人的本质力量(即主观因素)和自然客观规律(即客观因素)的和谐统一。从这个意义上讲,石器时代的古人欣赏不了电灯光照之美,新时代的人们也无法欣赏古人的朴素之美,劳动决定美的标准。

2. 劳动发展美

第一,劳动扩大美的外延范围。劳动不仅产生了审美主体,还在对象性活动中不断发展审美主体,美的外延也随之不断扩大。具体而言,以一定生产方式进行劳动实践的个人,进行物质生产的同时也进行精神生产。也就是说人作为审美主体,不仅能够按照美的标准来进行劳动,并创造美的、以物的形式存在的劳动成果,其创造美的过程因此表现出的"愉悦感"、精神境界以及凝结为思想道德等精神形式的劳动成果也是美的。另外,审美主体在劳动中进行的物质交往也同样交织着思想、品质和道德等精神形式的交往,并在物质和精神的交往中进一步扩大美的外延。

第二,劳动延伸美的时间跨度。劳动将人的精神世界物化下来,形成美的物化形式(如绘画、音乐等),使美在劳动中随着时间呈现延续性。正因如此,人们才能在图腾中了解古人对自然(祖先)的崇拜和对美的信仰,才能在绘画中跨越千年了解前人对美的理解和感悟等。从这个意义上讲,劳动延伸了美的时间跨度。

另外,劳动的发展使审美主体逐渐从生存性劳动中解放出来,拥有了更多的自由全面发展和创造美的时间,这无疑也在延伸美的时间跨度。

第三,劳动拓展美的空间区域。一方面,随着劳动的发展,作用于自然的对象化活动逐渐超出满足物质生存需要的范围,"美"的范围也随之超出物质生产劳动的范围,扩大到人们的物质和精神生活的方方面面;另一方面,劳动促使审美主体的本质力量和审美能力不断提高,越来越有能力将未经劳动实践作用的自然界(或自然物)作为审美对象,从而明亮的月亮、闪闪的星星、奔腾的河流、神秘的原始森林对人而言也具有审美意义。这样,劳动使美的空间区域不断扩大。

（二）美提升劳动的品位

1. 美提升劳动的高度

人在劳动过程中发挥的主观能动性：一方面表现为体力消耗、知识能力的付出等体力和脑力的存在形式，即劳动能力；另一方面还表现为热爱劳动、尊重劳动、珍惜劳动成果的正确劳动观念，敬业奉献、开拓创新、砥砺奋进的劳动精神，吃苦耐劳、诚实守信的劳动品质，它们共同凝结为"劳动美"的精神力量，提升劳动实践的高度。

田间地头农民春耕秋收，手术室里医生救死扶伤，三尺讲台前教师教育教学，工厂车间里工人挥洒汗水，各行各业、各个领域的劳动者，用勤劳的双手和智慧的大脑进行辛勤的劳动、诚实的劳动和创造性的劳动，编织着一幅幅"劳动美"的图画，不断提升劳动的物质和精神高度。

2. 美增加劳动的厚度

一方面，人们在劳动过程中用"美的标准"进行对象化活动，生产创造出来的劳动成果不仅产生价值，还产生美的效果，价值和美的双重生产无疑增加了劳动的厚度；另一方面，人作为审美主体的审美意识和能力总是随着劳动能力的发展而不断提高，具有更高审美能力的主体越来越有能力为劳动附着更多的物质和精神附加物，从而进一步增加劳动的厚度。

当代大学生努力学习专业知识，提升自身综合素质，是自身劳动能力和审美能力提升的过程，也是提升创造社会价值能力的过程，是为实现中华民族伟大复兴中国梦贡献青春力量的过程，也是推动人类文明继续发展的过程。美使劳动从个人价值美增加到社会价值美、民族价值美和人类进步美。

3. 美扩展劳动的广度

一方面，人们的劳动所得既有成果本身的价值，又有人的本质力量和创造力；既彰显成果的物质美，又彰显成果的精神美，因而劳动成果总能促使审美主体产生由衷的愉悦感。这种愉悦感进而推动审美主体进一步扩大劳动的广度；另一方面，劳动不断提升人的本质力量，从而使人的审美能力在一定时期、一定程度上甚至超越当时的物质生产水平，从这个意义上讲，美进一步扩展了劳动的广度。

长期的劳动实践使古人逐渐从满足生理需求的生存劳动中解放出来，越来越自由的人们开始对"在天空中飞翔"有了审美意识。随着人们审美意识的不断提高，关于"飞向蓝天"的劳动实践越来越多，从木鸟到风筝，从木蜻蜓到热气球，从滑翔机到飞机，人们对美的无限创意推动了劳动广度的拓展。

【案例分析】

李子柒,网络视频博主,视频内容以田间劳作、烹饪美食、乡村生活为主,受到无数粉丝的热烈追捧。

由《中国新闻周刊》主办的年度影响力人物颁奖典礼上这样介绍李子柒:她是一位现实中的造梦者,也是一位让梦想成真的普通人。在乡野山涧之间,在春风秋凉的轮替之中,她把中国人传统而本真的生活方式呈现出来,让现代都市人找到一种心灵的归属感,也让世界理解了一种生活着的中国文化。她用一餐一饭让四季流转与时节更迭重新具备美学意义,她让人看到"劳作"所带给人的生机。

共青团中央官方微博评价:"致敬每一名为梦想拼搏的年轻人,致敬每一名兢兢业业不负时光的少年。祖国因你的勤奋自豪,奔跑吧,骄傲的少年!"

思考:

(1)李子柒是如何让劳作看起来有生机的?

(2)劳动为李子柒带来了什么?

二、在劳动中提升审美

(一)在劳动中创造美

1. 在劳动中成为美的主体

"马克思不是把美的对象(自然或艺术)看成认识的对象,而是主要地把它看作实践的对象;审美活动本身不只是一种直观活动,而主要地是一种实践活动;生产劳动就是一种改变世界实现自我的艺术活动或'人对世界的艺术掌握'。"美的主体不是天然形成的,主体的审美能力也不是天然拥有的,必须在劳动实践过程中形成。

一方面要充分运用双手进行创造性劳动,把艺术美感和生活气息注入劳动过程,才能绣出逼真的花鸟虫鱼,捏出活灵活现的泥人,剪出内容丰富的窗花,做出口感丰富的美食。

另一方面要在劳动中形成发现美的眼睛。既要看到劳动的物质生产美,又要看到劳动的精神生产美;既要善于发现劳动工具所提升的劳动效率美,又要看到劳动过程所凝结的人的本质力量美,从而形成能够创造美、发现美并感受美的主体。

2. 在劳动中创造美的成果

一方面,要在劳动中创造美的物质成果。例如,人通过动手实践制作出机制明确、便于操作的各种劳动工具,用手创造实物美;通过脑力劳动进行科学研究,发现新的劳动领域,总结发展规律,用脑创造科学美;通过五官感受自然和社会,创造音乐、绘画、书法、石刻,用感受创造艺术美;通过想象和思维对自然进行再创造,创作出园林、盆景、竹木雕刻,用思维创造自然美等。

另一方面,要在劳动中创造美的精神成果。例如,培养热爱劳动、积极劳动、尊重劳动、尊重劳动者的劳动观念;弘扬敬业奉献、砥砺奋进的劳动精神;养成勤于劳动的劳动习惯和诚实守信的劳动品质等,用劳动实践创造美的精神成果。

3. 在劳动中产生美的关系

现实中的劳动往往不是"单打独斗"可以完成的。人们或者在前人的劳动基础上,或者与他人协作,共同进行劳动。要在劳动交往的过程中创造美的关系。

在集体劳动中通过喊出劳动号子即各种调式化的曲子、口号,或者敲击、拍打出鼓点、掌声,既调动自身的劳动力量,实现身心协调,又调动所有劳动者的精气神,以及所有在场的劳动者的体力和心气。这样,错落有致、富有美感的节奏音律汇成了一个顺应劳动节律、符合劳动目的、气畅势连的劳动力量流和心流,形成劳动美的生动场景。

还要积极参加公益劳动或志愿服务活动,在为他人提供帮助、为社会做出贡献的过程中弘扬"劳动美"的良好社会风尚,建立团结向上、相互帮助的和谐人际关系,形成和美的劳动关系。

(二)在劳动中展示美

1. 展示劳动精神之美

对于个人而言,要深刻理解"劳动创造美"的深刻内涵,要崇尚劳动、热爱劳动,在身体力行的劳动实践中展示热爱劳动的精神之美;要吃苦耐劳,积极投入劳动之中,在砥砺奋斗、出力流汗中展现辛勤劳动的精神之美;还要守信誉,不偷奸耍滑、不投机取巧,在诚实本分的勤恳中展现诚实劳动的精神之美。

对家庭而言,要展现良好的家风之美。为父母者,勤俭持家,吃苦耐劳,在勤勤恳恳的劳动中创造家庭幸福;为子女者,自觉传承家族劳动精神,尊重劳动,尊重劳动成果,在一代代的家风传承中展示劳动精神之美。

对社会而言,要弘扬崇尚劳动、热爱劳动、辛勤劳动和诚实劳动的社会风尚,通过树立榜样、新闻宣传、人物访谈等形式,广泛展示劳动精神之美。

2. 展示劳动过程之美

对于劳动者,可以通过各种媒体平台,采用文字、图像或视频直播的方式,向大众展示自己的劳动过程之美。如网络红人李子柒采用视频的形式记录日常劳作、烹饪过程,通过媒体平台向大众展示和传播的既有劳动过程之美,又有精神文化之美,可谓美上加美。

对新闻媒体而言,要善于找寻、发掘、发现并记录各行各业的劳动者的劳动过程,并通过报纸、电视、广播和网络进行广泛宣传,以全面展示劳动过程之美。例如,对大国工匠的全景式报道、对传统手艺人的特写式白描、对劳动模范日常劳动的记录,都是展示劳动过程之美的途径。

(三)在劳动中感受美

1. 感受劳动收获之美

每一件劳动成果都是一件美的艺术品。人们只有真实地参与日常生活劳动、物质生产劳动和社会服务劳动,才能深切地感受到劳动成果之美。具体内容如下。

要参加日常生活劳动。只有亲自动手清扫庭院、整理衣物、洗锅刷碗、修整家具,才能换来家庭环境的干净整洁,才能真切地感受到家庭生活之美。

要参加物质生产劳动。只有亲手使用工具,发挥聪明才智,手脑并用,才能创造出丰富的物质成果,才能真实地感受到工具之美、生产之美。

要参加社会服务劳动。只有积极参加社会公益劳动和志愿服务活动,才能与社会建立积极健康的互动关系,才能真实地感受到社会关系中的和谐融洽之美。

2. 感受劳动情感之美

只有将美的情感注入劳动的过程中,才能真实地感受到劳动所带来的愉悦感、获得感、满足感和幸福感。

要躬身于田间地头,带着美的情感对土地进行用心耕种,经历春耕、夏培的辛勤劳动,接触地气,感受土气,等到秋天才能更深切地感受到收获的获得感和幸福感,并从农民粗糙的双手和黝黑的皮肤中感受辛勤劳动之美,从农民爽朗的笑声和嘹亮的田歌中感受获得的喜悦之美,从世世代代的劳动传承中感受农民对土地和自然的深沉的情感之美。

【互动探索】

寻找劳动美

采用记日记、写手账、拍照片、录视频等形式,找寻身边各行各业、各个领域的"劳动美"。可以是劳动者的特写,也可以是劳模的寻访;可以是劳动片段的记录,也可以是劳动成果的展示等。

【拓展探究】

	姓名		学号		班级	
1	问题:有人认为,农事劳作又土又脏,一点都不美。你怎么看? 思考作答:					
2	问题:为什么说"每一项劳动成果都是一件美的艺术品"? 思考作答:					
3	问题:请列举自己身边的劳动美。 思考作答:					
教师评语						

第五节　以劳创新

以劳创新,即通过劳动教育与实践帮助大学生培养创新思维、创造能力。习近平总书记常常将劳动与创造紧密联系在一起。

材料一:

在 1988—1990 年,时任福建省宁德地委书记的习近平就曾发表过对劳动的创造性价值的思考。在《摆脱贫困》一书中,习近平曾写道:"农村劳动力如果继续束缚在原有规模的耕地上,倚锄舞镰,沿袭几千年来日出而作、日落而息的耕作老传统,进行慢节奏、低效率的生产劳动,那就不是一件好事。反之,用改革开放的眼光看待劳动力的大量转移,会惊喜地发现,我们又获得了一种极其宝贵、可待开发、可能创造巨大价值的崭新资源。"

材料二:

习近平总书记高度重视高素质劳动者、创造性人才的作用。他在 2015 年庆祝五一国际劳动节暨表彰全国劳动模范和先进工作者大会的讲话中多次提到"劳动"和"创造":"劳动者的知识和才能积累越多,创造能力就越大""让劳动光荣、创造伟大成为铿锵的时代强音""教育孩子们从小热爱劳动、热爱创造,通过劳动和创造播种希望、收获果实""把蕴藏于工人阶级和广大劳动群众中的无穷创造活力焕发出来"。

思考:

(1)劳动与创新创造有什么关系?

(2)创造性劳动的价值体现在何处?

一、劳动与创新创造的辩证关系

创新是社会发展的第一动力。从古至今,无论是田地里人们处处可见的龙骨水车、铁制耕犁,还是新时代网民们常常谈论的人工智能、直播网购,都是人们通过劳动发现问题、突破创新,进而解决问题的典型代表。劳动激发了创新,也实现了创新。同时,创新是一种创造性的劳动,它在劳动的过程中产生,同时其成果不断优化劳动方式、改善劳动结果,所以创新也成就了劳动。

(一)劳动是创新创造的前提条件

1.劳动是创新创造的核心动力

劳动是人类生存和发展的基础,更是利用劳动力和生产资料生产物质资料的过

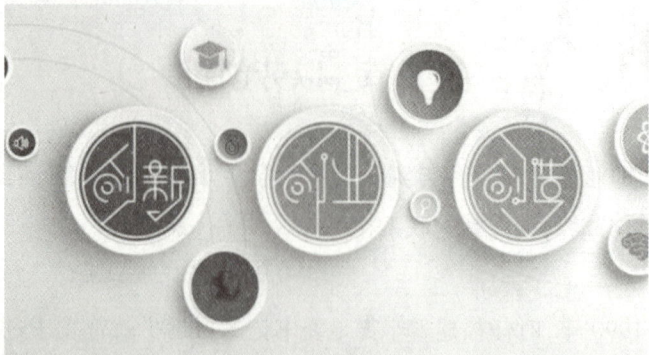

程。然而,劳动力是有限的,生产资料也是有限的,但人们和经济社会发展的需求是无限的。那么如何提高劳动效率,如何有效减少劳动力和生产资料的投入等劳动过程中的种种问题促进了创新的产生。创新创造是通过知识实现以富有资源替代短缺资源,以可再生资源替代非可再生资源,逐步实现对资源和能源的节约化和循环化。创新创造是通过改善劳动方法、人工智能化提升劳动力。创新创造产生于劳动,并在劳动过程中实现人的自身价值。

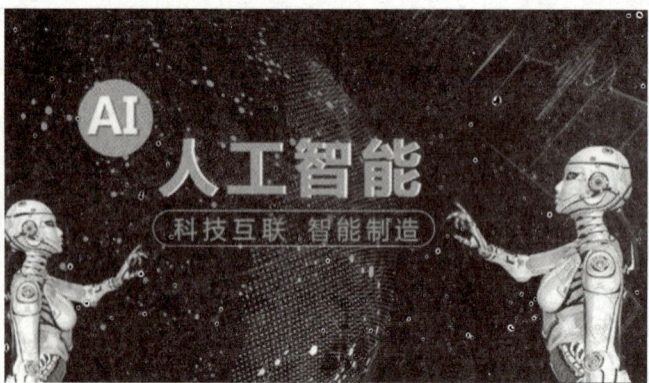

2.劳动是创新创造的实现方式

创造的产生离不开劳动。劳动本身就是一种创造性活动,创新创造更需要通过劳动来实现。劳动可以具象创造,因为创造是劳动过程中的创新行为。世界上无数的发明成果皆由劳动创造而来,比如中国古代四大发明造纸术、印刷术、指南针、火药,再比如现代新兴技术5G技术、人工智能等。如果没有劳动,便没有创造,人类也将永远停留在原始、野蛮的古代社会,根本不会创造出当下如此辉煌的物质财富和精神财富。

3.劳动是创新人才的培养依托

无论是农业经济、工业经济还是知识经济的发展,都离不开人力资本和创新人才。现今由知识经济主导和支撑的高新科技产业,更需要依靠实践创新人才去发展。而创新人才必须经过劳动实践才能成长起来。创新人才需要通过日常生活劳动,培养良好的劳动习惯和正确的劳动态度;需要通过生产劳动,培养专业的创新思维和强大的创新能力;需要通过服务性劳动,培养强烈的社会责任感和优良的劳动品德。通过劳动锻炼出的德才兼备的创新人才,才能担任起新时代社会主义建设的重任。

(二)创新创造提升劳动质效

1. 创新创造提升劳动效率

首先,技术创新通过优化、更新生产工具和生产技术,增强生产的自动化和智能化,提高单位劳动的产出,从而提升劳动生产效率。例如,在 20 世纪 80—90 年代,中国绿皮火车盛行,绿皮火车以平均 50 km 的时速运送一批乘客从武汉到北京,需要花费将近 20 个小时的时间;而在 21 世纪以后,技术的革新使得动车和高铁陆续普及,以高铁平均 200 km 的时速运送一批乘客从武汉到北京则仅需 5 个小时左右的时间。高铁技术的创新发展,大大提高了铁路运输企业的劳动效率。

其次,制度创新和管理创新,能够优化劳动资源配置、生产组织和生产结构,最大限度地利用现有资源,充分发挥单个劳动力的作用,充分利用企业的各方面优势,从整体上提升企业的劳动效率。

2. 创新创造提高劳动质量

首先,创新本身就是从问题出发,通过新知识、新概念、新技术等解决困难、优化程序,提升质量的过程。相比原始的人工、机器,经过创新开发出的新型产品、技术等具备更高的精准度和智能化以及更广泛的功能性和使用性,使得其劳动质量在不同程度上得到提升。其次,随着社会经济水平的不断增长,人们对生活物资的需求量越来越大,使得各项物资的生产量也随之不断增大。然而,社会劳动力是有限的,劳动工人们在面对越来越大的工作量时,劳动质量不可避免地会出现下降。随着技术的不断创新,各类生产机器应运而生。在大批量生产时,机器的精准度和稳定性远高于人工。机器生产代替人工生产,使批量生产劳动的质量得到了有效保证。

3.创新创造提升劳动收益

创新创造一方面可以通过技术提升物质资源和人力资源的利用率,减少单位产出的物质和人力消耗,从而减少生产成本,提升生产收益;另一方面可通过知识实现以富有资源代替稀缺资源、以可再生资源代替非可再生资源、以低成本资源代替高成本资源,实现生产资料的节约化和循环化,从而节省劳动成本,增加劳动收益。

【案例分析】

2016 年以前,西安机车检修段电气车间的作业人员对大盖上的线路、电气配件的检修工作必须等到机车落车完成并进行整车试验时才能进行,一旦发现故障隐患,必须对配件进行下车返工,工作效率较为低下,且容易出现漏检的问题。针对这一状况,该段电气车间"张亮创新工作室"组织技术骨干开展课题攻坚,历经 20 天的艰苦奋战,成功发明制作了"机车大盖电线路监测装置"。这一装置的诞生,使得作业人员可在机车装车前对大盖上的电线路、电气配件状态进行地面检修,一旦发现问题,立马就可开展修理工作,减少了作业人员的返工,提高劳动效率。同时这一装置还能直接观察大盖上的真空主断路器、高压隔离开关和高压接地开关动作性能及辅助连锁状态是否良好,在防止驾车事故等方面发挥了积极的作用。

思考:

劳动与创新之间相辅相成的关系主要体现在哪些方面?

二、在劳动中创新创造

通过劳动进行创新创造主要经过以下几个阶段。

(一)在劳动中发现问题

创新创造是为解决问题、改善问题而存在的,所以所有的创新都是从发现问题、提出问题开始的。有了问题,才有了创新的动机和动力。有价值的问题的提出,需要具备一定的劳动知识和劳动经验以及对问题价值的判断。所以培养创新思维与创新能力,要从积累劳动知识和劳动经验以及培养观察能力和批判性思维着手。要在劳动的过程中积累知识和经验,并运用这些知识和经验分析劳动对象的需求,仔细观察劳动过程,及时地、准确地找到劳动目标、劳动工具、

劳动技术、劳动方法、劳动方式等的问题和缺口,从而提出有待通过创新创造进行优化或解决的实际问题。

(二)通过创新性劳动解决问题

创造性的劳动即围绕提出的创意问题展开创造性的思考,提出各种创意思路,并将思路进行筛选、组合、实验,形成问题解决方案,最终按照解决方案开展实际劳动,从而解决相关问题。创造性的劳动可以运用以下几种方法开展。

1. 转化

转化是指根据已有的科学原理和基础理论进行发明和创新。这种创新方法主要是把已有的理论性研究成果,转化为一定的实物成果或技术方法。转化的特点具有新颖性和创造性。比如飞机就是莱特兄弟根据气流流过鸟儿翅膀上表面的速度比流过下表面的速度快,导致下翼面受到的向上的气流压力大于上翼面受到的向下的气流压力,进而产生升力的鸟类飞行原理发明制造的。飞机的创造使得人们的生活更加便利高效。

2. 改造

改造是指在原有的产品、技术、方法、标准等的基础上进行革新和改造。改造的主要特点在于基本的科学原理和基础理论不变。改造是在已有的原理和理论的基础上对技术、产品、方法、标准等进行外观、功能、特性、形式等创新,以研发出外形佳、功能多、效率高、质量优、价格低的新产品、新技术、新方法、新标准等。比如免手洗平板拖把就是在传统拖把的基础上改造而来的,通过添加一些旋转、联动装置,实现了拖把的免手洗功能,提高了拖把使用的便捷性。

3. 移植

移植是把一种原理、结构、方法、材料等从一种领域移植到新的领域,用于创造新的事物的创新方法。现代科学技术的飞速发展,使学科之间的概念、理论、方法等相互交叉、移植、渗透,从而产生新的学科、新的理论、新的方法、新的技术。移植是一种继承前人智慧结晶、借鉴他人思维成果的创新方法,通过相似联想、相似类比和灵感促发,寻找事物间的联系,最终产生新的构想。按照移植的内容划分,可将技术移植分为原理移植、结构移植、方法移植和材料移植。

原理移植是将某种科学或技术原理向新的研究领域推广和外延,以创造新的事物的创新方法。科学技术原理常常具有广泛的实用性,只要合理移植,就可能创造出新的产品。例如,磁性能应用于核磁共振、磁悬浮列车、磁流体发动机等各类产品中,给人们的生活带来了极大的便利;激光原理应用于加工领域可创造出激光打孔机、激光切割机等,也可应用于医疗设备,精密测量仪器、大气污染检测设备等;微电子技术不断向人类生活的各个领域渗透,使得各领域技术在原有的技术上得到发展,如通信卫星、军事雷达、信息高速公路、气象预报手机、全球卫星定位系统等,都应用移植了微电子技术。

结构移植是将某种结构形式或结构特点从一个载体转移到另一个载体以产生新的事物的创新过程。很多发明其实都是形态特征的创造,因为物体的功能常常是由结构决定的。当某事物的功能与待发明的事物所需具备功能具有相似性时,该结构或许就能满足待创造物品的使用功能。正是这种相似性的存在,使得结构移植得以广泛应用。比如中国鲁班依照茅草边缘的细齿形状,打造了世界上第一把锯子;英国约瑟夫利用蔷薇刺结构,创造了铁丝网;法国莫尼埃模仿植物根系在土壤中的结构,建成了第一座钢筋混凝土大桥。结构移植通常有两条路径:一是将某种结构移植到另一个事物中;二是为解决正在研究的课题项目,寻求可以借鉴的结构。

方法移植是指将某一领域的操作手段或技术方法有意识转移到另一领域的创新方法,其在技术创新中有着重要的启迪和催化作用。例如:面团通过发酵能够变得松软多孔,美国人利用发酵方法发明了海绵橡胶,德国人运用发酵方法创造出泡沫塑料,日本人运用发酵方法研制出发泡水泥制品;照相技术被运用于印刷排字中,形成了先进的照相排版技术；心理学原理移植到企业管理中，形成了现代管理方法中的行为学派。

材料移植是指以优化外观、改善性能、增加功能、降低成本等为目的，通过更新材料而实现创新的方法。比如，环保铅笔就是以废纸取代木材作为主要原料，使环保铅笔具备成本低、易削卷、污染小等优点。

4.组合

在当代科学技术发展到了一定高度的情况下，要想发明一个替代性技术是非常困难的。这时可以综合已有的各家或各种技术之长为我所用，从而研发新的产品。组合法就是将两种或两种以上的学说、技术、产品的一部分进行适当叠加和拼组，用以形成新的学说、新技术或新产品的创新思维方法。创新中的组合应满足两个条件：一是由不同的技术因素构成的具有统一结构与功能的整体；二是组合物应具有新颖性、独特性和价值性。常用的组合法有主体附加法、异物组合法、同类组合法、重组组合法等。

主体附加法是在原有的技术思想上补充新的内容、在原有的物质产品上增加新的附件，从而使新得到的物品性能更强；异物组合法是指通过组合若干个事物的功能或特点汇集成一体，达到优化事物的目的，实现一物多能或一物多用的效果；同类组合法是指两种或两种以上的相同或相近的事物的组合，其特点是参与组合的对象和组合前相比，其基本性质和结构没有发生根本变化，是在保持事物原有功能或意义的前提下，通过数量的变化来弥补功能上的不足或得到新的功能；重组组合法是指在事物的不同层次上分解原来的组合形式，然后再以新的思想重新组合起来，其特点是改变了事物各部分之间的相互关系。

(三)通过劳动检验创新成果

创新成果需要通过实践的检验，在劳动实践中检验创新成果是否达到预期目标，是创新创造的必要环节，也是将创新成果投放市场前的重要步骤。我们要在生产劳动中检验创新技术和方法是否能够解决现有问题，是否能够提高现有生产力；要通过生活劳动和服务性劳动检测创新产品是否能够弥补现有产品的空缺或不足，是否具有更强的市场竞争力。

【互动探索】

选择你感兴趣的一样物品,如台灯、书架、充电线等,尝试提出一种创意,并记录创意思维的过程。

对所选择的创意物品进行简单的描述	
提示	创意想法
所选物品在使用过程中是否存在一些问题,能否进行改善	
所选物品是否有新的用途	
能不能对所选物品的颜色、形状、运动形式等进行改变	
能不能在现有基础上增加或减少一些东西	
能不能把所选物品的某些部分颠倒过来	
能不能用其他东西进行替代	
能不能把所选物品与其他物品进行组合	
最终的创意描述	

基于以上创意描述,尝试进行劳动创新实践,并记录创新过程。

劳动创新实践记录	
(1)提出现有问题	
(2)形成创新思路	
(3)开展创新劳动	
(4)检验创新成果	

【拓展探究】

姓名		学号		班级	
1	问题:你认为创新的灵感来源于什么?				
	思考作答:				

续表

2	问题：创新到底给我们的生活带来了什么便利之处？请结合你的实际情况谈一谈。 思考作答：
3	问题：你认为应该如何精进技术？应该怎么学习和进步？ 思考作答：
教师评语	

第四章　劳动与安全保障

【学习目标】

(1)了解劳动安全的重要意义。

(2)学习掌握劳动安全相关法律法规。

(3)学习并掌握劳动安全防护的基本知识。

第一节　劳动安全

从"山洞人"到"现代人",从原始的刀耕火种到现代工业文明,人类已经历了漫长的岁月。21世纪,人类生产与生活的方式及内容面临着一系列嬗变,这种结果将把人类现代生存环境和条件的改善与变化提高到前所未有的水平。显然,现代工业文明给人类带来了利益、效率、舒适、便利,但同时也给人类的生存带来负面的影响,其中最突出的问题之一就是生产和生活过程中人为的意外事故与灾难的极度频繁和所遭受损害的高度敏感。

材料一:

2018年11月28日零时40分55秒,位于河北张家口望山循环经济示范园区的中国化工集团河北盛华化工有限公司氯乙烯泄漏扩散至厂外区域,遇火源发生爆燃,造成24人死亡(其中1人后期医治无效死亡)、21人受伤(4名轻伤人员康复出院),38辆大货车和12辆小型车损毁。截至2018年12月24日,直接经济损失4 148.860 6万元。

材料二:

某年9月9日,某井进行的水平井油管传输射孔作业,19:30由第1组开始下枪至23:00,共下枪55根,23:00由司钻刘某率第2组继续进行下枪作业。当该组从56号枪下至61号枪时,当游动滑车将枪从小鼠洞提出的过程中,该枪底部公接头护丝外提环焊接处突然被挂在鼠洞内沿台阶上,向上运动的游动滑车将钻盘加宽台提出钻台面。此时,负责指挥的聂某立即向司钻发出停车指令并大声喊叫,但不知什么原因司钻未做出任何反应。最后将钻盘加宽台提升至 50 多厘米的高度并将站在花纹板上指挥作业的小队长刘某掀翻倒下,左脚滑入加宽台下,此时加宽台突然坠下,将刘某左踝关节上部切断。

思考:

劳动安全事故频繁发生,威胁劳动者的安全和健康,其主要由哪些原因引起?

近百年来,为了安全生产和安全生存,人类做出了不懈的努力,但是现代社会的重大意外事故仍不断发生。从苏联 20 世纪 80 年代切尔诺贝利核泄漏事故到 20 世纪 90 年代末日本的核污染事件;从 21 世纪初期在美国发生的埃航空难到在韩国"世越号"特大海难事故,直至世界范围内每年近 400 万人死于意外事故,造成巨大经济损失。生产和生活中发生的意外事故和职业危害如同"无形的战争",侵害着我们的社会、经济和家庭。这样的现状必须在各方的共同努力下才能改善。

一、劳动安全的概念与发展概况

(一)劳动安全的概念

劳动安全是指劳动者在劳动过程中,防止机械外伤、坠落、中毒、车祸、触电、塌陷、爆炸、火灾等危及劳动者人身安全的事故发生。劳动安全是劳动者享有的在职业劳动中人身安全获得保障、免受职业伤害的权利。广义的劳动安全包括人身安全和健康两部分内容,本教材集中讨论劳动者的人身安全问题。依照《经济、文化及社会权利国际公约》第七条规定,缔约各国承认人人有权享受公正和良好的工作条件,特别要保证安全和卫生的工作条件。我国作为公约的缔约国,对于劳动者的这项权利,国家应该以立法形式明确加以确认并提供完善的保护。

(二)我国劳动安全相关法律法规的发展概况

1949 年到 1956 年,《共同纲领》明确规定"保护青工女工的特殊利益。实行工矿检查制度,以改进工矿的安全和卫生设备"。此后,国家相继颁布了一些安全规程,如《工厂安全卫生规程》等。1956—1965 年,经济建设全面展开,安全生产工作得到相应发展,安全检查由一般性检查发展到专业性和季度性检查,各种劳动安全措施得到了加强和发展。1970 年中共中央发出《关于加强安全生产的通知》,1975 年国家计划委员会发出《关于加强职工伤亡事故统计报告工作的通知》。1988 年 6 月国务院令(第 9 号)颁布《女职工劳动保护规定》,为维护女职工的合法权益,减少和解决女职工在劳动和工作中因生理特点造成的特殊困难,保护其健康提供了依据。1991 年国务院颁布《企业职工伤亡事故报告和处理规定》。1994 年第八届全国人大常委会通过《中华人民共和国劳动法》。1999 年 10 月,国家经贸委颁布了《职业安全卫生管理体系试行标准》。2001 年 4 月国务院令第 302 号颁布《国务院关于特大安全事故行政责任追究的规定》。2001 年 10 月第九届全国人大常委会通过《中华人民共和国职业病防治法》(自 2002 年 5 月 1 日起施行)。2002 年 6 月第九届全国人大常委会通过《中华人民共和国安全生产法》(自 2002 年 11 月 1 日起施行)。2007 年 3 月国务院常务会议颁布《生产安全事故报告和调查处理条例》,废止了 1991 年颁发的《企业职工伤亡事故报告和处理规定》。同年 6 月第十届全国人大常委会通过《中华人民共和国劳动合同法》(自 2008 年 1 月 1 日起施行)。

(三)我国劳动安全的发展现状及不足

近年来,我国经济高速增长,取得了举世瞩目的成就。但是在经济快速增长的背后依然存在劳动安全问题。习近平总书记深刻指出,要牢固树立安全发展理念,坚持人民利益至上,始终把安全生产放在首要位置,切实维护人民群众生命财产安全。2020 年,经过各方共同努力,全国安全生产形势保持总体稳定。

最高人民检察院 2021 年 1 月 27 日举行"筑牢生产安全底线　守护生命财产平安"新闻发布会,应急管理部政策法规司副司长、一级巡视员郇燕云介绍,全国生产安全事故起数、死亡人数从历史最高峰 2002 年的 107 万余起、13 万余人,降至 2020 年的 3.8 万余起、2.74 万余人,按可比口径累计分别下降 85.1% 和 70.9%;重特大事故从 2001 年的 140 起、2 556 人降到 2020 年的 16 起、262 人,累计分别下降 88.6% 和 89.7%。目前,经过各方共同努力,我国安全生产形势基本保持平稳。但是,各行各业的不确定因素仍然较多,高危行业领域风险点多面广,安全生产工作仍然艰巨繁重。

在我国,造成劳动安全事故和危险的原因主要有以下几点。

1.劳动者的自我保护意识较弱

一方面,由于文化程度和工作经验的局限,很多劳动者对运行中的器械、施工中的场地没有正确、全面的认识,在没有做好充分的保护措施的情况下进行工作,或者在自身身体和工作条件不适合工作的时候强行作业;另一方面,劳动者面对日益膨胀的劳动力市场,就业压力加大,有些劳动者为了生存即使明知用人单位的安全设施不健全、劳动保护不全面,也会抱着侥幸的心理进行作业。劳动者这样缺乏自我保护意识也是劳动事故频发的一大原因。

2.单位保障手段不到位

国家在劳动时间、劳动保护和劳动安全设施的建设上都有着基本标准,对从事特殊危险工作的劳动者和妇女儿童劳动者都规定有特殊的保护措施。在日常劳动中,劳动者的安全保障由用人单位来负责,这就意味着用人单位的劳动安全设施是否完备、劳动保护是否全面直接关系到劳动者的生命健康和安全。我国现今劳动立法的宗旨和基本原则都是保护劳动者的合法权益,在当今的劳资关系中劳动者依旧处于弱势,劳动者和用人单位还处于严重的不平等地位。劳动者通过用人单位获得劳动报酬,同时用人单位应保障劳动者的生命健康和安全。对劳动者的安全保障需要一定的成本投入,在煤矿业等高危行业这甚至是主要的投资之一,这就导致很多企业为了提高收益、降低成本,在对劳动者的安全保障方面"偷工减料",建设不合格的劳动安全设施,提供低于国家标准的劳动保护。

3.部分单位漠视劳动安全法律法规

用人单位遵守各项安全规定,切实保护劳动者的生命安全和健康至关重要。用人单位漠视劳动法律法规,不遵守法律关于劳动安全方面的强制性规定,将直接导致劳动者的安全卫生得不到充分有效的保障。在相当多的用人单位,其劳动安全卫生制度不健全,对职工缺乏经常性的劳动安全卫生教育、检查和督促;劳动环境、安全设施未达到国家规定的标准;必要的劳动保护用品提供不到位;不顾劳动者安全健康,违章指挥、冒险作业,导致大量工伤事故发生。

【互动探索】

测测你的劳动安全意识

序号	问题	是/否
1	你是否关注身边的人在生产劳动中出现的危及人身安全的事故？	
2	你是否认为,劳动安全与作为学生的自己无关？	
3	你是否知晓我国有关于公民劳动安全的法律法规？	
4	你是否认可遵守安全规程和劳动纪律是劳动者应尽的义务和责任？	
5	你是否具备必要的劳动安全知识？	

二、劳动安全的重要意义

劳动安全是社会稳定、健康发展的前提和基础,安全生产中劳动者权益的保障也是马克思人权保障体系的一个重要组成部分,强调安全生产有着重要的意义。

(一)劳动安全是维护劳动者权益的重要内容

我国是劳动力的大国,生产事故多发部门大多在生产车间、建筑工地等高危领域,而这一群体面临的生产事故和职业病的危险也是最大的。现行的工伤保险制度和职业病防治工作仍然存在缺陷,安全生产法律体系和劳动者权益法律保障机制之间仍然缺乏衔接,一些用人单位为追求经济效益而忽视了劳动者的权益诉求。劳动者由于自身力量弱小,自身权益难以得到及时维护。因此,加强劳动安全,构建科学合理的劳动者权益的法律保障机制,有利于改变我国劳动者权益保护不力的现状。

(二)劳动安全是劳动者全面发展的前提和基础

劳动者的生命和健康是基本人权。保障劳动者在安全生产中的权益,最基本的是保护其生命健康权,这既是实现其他权利的基础,也是进行其他生产活动的前提。为了实现安全生产,国家鼓励劳动者参加技能培训,认真学习安全生产技术,增强法律意识,丰富劳动者业务知识,增加劳动者自身修养,提高劳动者综合素质。安全的劳动环境、健康的体魄和智慧的头脑,会促使劳动者追求更高远的目标,实现自身更多的价值,从而为劳动者的全面发展与进步创造前提和基础。

(三)劳动安全是构建和谐社会的必然要求

只有实现安全生产,加强生产事故的防范,减少生产事故的发生,实现劳动者权益法治保障,才能保证劳动者能够健康、安全地生存和有尊严地生活。若劳动者的合法权益遭遇不法侵害,则会导致各种社会矛盾,甚至会导致群体性事件的发生。生产事故多发,劳动者的生命健康得不到有力保障,同样会给单位和社会带来不稳定因素。因此,完善安全生产中劳动者权益的法治保障是构建和谐社会的必然要求。

【拓展探究】

姓名		学号		班级	
1	问题:你觉得在校大学生需要注意劳动安全吗? 在哪些时候或哪些地方需要注意呢? 思考作答:				
2	问题:你身边发生过劳动安全事故吗? 如果发生过,它对你的生活、情绪等产生过影响吗? 思考作答:				
3	问题:你认为我们应该从哪些方面注意劳动安全呢? 思考作答:				
教师评语					

第二节 劳动法律法规

在社会生产、实践活动中,劳动法律法规制度在维护劳动者合法权益、保护劳动者安全、为劳动者创造劳动机会等方面发挥了重大作用。劳动法律法规是调整劳动关系以及与劳动关系有密切联系的其他社会关系的法律规范的总称。

材料一:

为贯彻落实全国职业教育工作会议精神,规范职业学校学生实习工作,维护学生、学校和实习单位的合法权益,提高技术技能人才培养质量,教育部、财政部、人力资源社会保障部、国家安全监管总局、中国银保监会研究制定了《职业学校学生实习管理规定》。

材料二:

2012 年 11 月,教育部颁布了《职业学校学生顶岗实习管理规定(试行)(征求意见稿)》,从顶岗实习的原则、组织与计划、过程管理、考核与奖惩、安全与保障等方面对职业院校学生的顶岗实习工作做出了详细的规定,为职业院校学生顶岗实习工作的规范实施提供了政策依据。

思考:

(1)你知道的关于劳动安全的法律法规有哪些?

(2)教育部为什么要在《中华人民共和国劳动法》的基础上出台《职业学校学生实习管理规定》和《职业学校学生顶岗实习管理规定(试行)(征求意见稿)》?

一、《宪法》中关于劳动权的规定

《宪法》中相关规定:

第四十二条 中华人民共和国公民有劳动的权利和义务。国家通过各种途径,创造劳动就业条件,加强劳动保护,改善劳动条件,并在发展生产的基础上,提高劳动报酬和福利待遇。劳动是一切有劳动能力的公民的光荣职责。国有企业和城乡集体经济组织的劳动者都应当以国家主人翁的态度对待自己的劳动。国家提倡社会主义劳动竞赛,奖励劳动模范和先进工作者。国家提倡公民从事义务劳动。国家对就业前的公民进行必要的劳动就业训练。

第四十三条　中华人民共和国劳动者有休息的权利。国家发展劳动者休息和休养的设施,规定职工的工作时间和休假制度。

第四十五条　中华人民共和国公民在年老、疾病或者丧失劳动能力的情况下,有从国家和社会获得物质帮助的权利。国家发展为公民享受这些权利所需要的社会保险、社会救济和医疗卫生事业。……

劳动权,简而言之,即有劳动能力的公民有获得参与社会劳动和领取相应的报酬的权利。劳动权是获得生存权的必要条件。没有劳动权,生存权利也就没有保障。劳动权是公民的基本权利之一。既然是一种权利,那么存在权利人的同时也必然存在义务人。在劳动权的权利义务关系中,权利人是公民,而义务人则是国家,这是一种宪法上的权利义务关系,和民法上说的劳动关系不同。

二、劳动法的基本原则及内容摘要

劳动法是国家为了保护劳动者的合法权益,调整劳动关系,建立和维护适应社会主义市场经济的劳动制度,促进经济发展和社会进步,根据宪法而制定颁布的法律。劳动法是指 1994 年 7 月 5 日第八届全国人大常委会通过,1995 年 1 月 1 日起施行的《中华人民共和国劳动法》。从广义上讲,劳动法是调整劳动关系的法律法规,以及调整与劳动关系密切相关的其他社会关系的法律规范的总称。劳动法作为维护人权、体现人本关怀的一项基本法律,其内容主要包括:劳动者的主要权利和义务;劳动就业方针政策及录用职工的规定;劳动合同的订立、变更与解除程序的规定;集体合同的签订与执行办法;工作时间与休息时间制度;劳动报酬制度;劳动卫生和安全技术规程等。

（一）《中华人民共和国劳动法》基本原则

1. 劳动既是权利又是义务的原则

（1）劳动是公民的权利

每一个有劳动能力的公民都有从事劳动的同等的权利：对公民来说意味着享有就业权和择业权在内的劳动权；有权依法选择适合自己的职业和用工单位；有权利用国家和社会所提供的各种就业保障条件，提高就业能力和增加就业机会。对企业来说意味着平等地录用符合条件的职工，加强提供失业保险、就业服务、职业培训等方面的职责。对国家来说，应当为公民实现劳动权提供必要的保障。

（2）劳动是公民的义务

这是劳动尚未普遍成为人们生活第一的现实和社会主义固有的反剥削性质所引申出的要求。劳动者一旦与用人单位发生劳动关系，就必须履行应尽的义务，其中最主要的义务就是完成劳动生产任务。这是劳动关系范围内的法定的义务，同时也是强制性义务，包括遵守劳动纪律。

2. 保护劳动者合法权益的原则

①偏重保护和优先保护：劳动法在对劳动关系双方都给予保护的同时，偏重于保护处于弱者地位的劳动者，适当体现劳动者的权利本位和用人单位的义务本位，劳动法优先保护劳动者利益。

②平等保护：全体劳动者的合法权益都平等地受到劳动法的保护。

③全面保护：劳动者的合法权益，无论它存在于劳动关系的缔结前、缔结后或是终结后，都应纳入保护范围之内。

④基本保护：对劳动者的最低限度保护，也就是对劳动者基本权益的保护。

3. 劳动力资源合理配置原则

①双重价值取向：配置是否合理的标准是能否兼顾效率和公平的双重价值取向，劳动法的任务在于对劳动力资源的宏观配置和微观配置进行规范。

②劳动力资源宏观配置：即社会劳动力在全社会范围内的各个用人单位之间的配置。

③劳动力资源的微观配置：处理好劳动者利益和劳动效率的关系。

（二）劳动法的内容摘要

1. 劳动法中关于劳动者权利的相关规定

劳动法第三条规定，劳动者享有平等就业和选择职业的权利、取得劳动报酬的权利、休息休假的权利、获得劳动安全卫生保护的权利、接受职业技能培训的权利、享受社会保险和福利的权利、提请劳动争议处理的权利以及法律规定的其他劳动权利。劳动者应当完成劳动任务,提高职业技能,执行劳动安全卫生规程,遵守劳动纪律和职业道德。

劳动法规定了劳动者在劳动关系中的权利,主要有以下几个方面:

①劳动者有平等就业的权利。是指具有劳动能力的公民,有获得职业的权利。劳动是人们生活的第一个基本条件,是创造物质财富和精神财富的源泉。劳动就业权是有劳动能力的公民获得参加社会劳动和切实保证按劳取酬的权利。公民的劳动就业权是公民享有其他各项权利的基础。如果公民的劳动就业权不能实现,其他一切权利也就失去了基础。

②劳动者有选择职业的权利。是指劳动者根据自己的意愿选择适合自己才能、爱好的职业。劳动者拥有自由选择职业的权利,有利于劳动者充分发挥自己的特长,促进社会生产力的发展。劳动者在劳动力市场上作为就业的主体,具有支配自身劳动力的权利,可根据自身的素质、能力、志趣和爱好以及市场资讯,选择用人单位和工作岗位。选择职业的权利是劳动者劳动权利的体现,是社会进步的一个标志。

③劳动者有取得劳动报酬的权利。随着劳动制度的改革,劳动报酬成为劳动者与用人单位所签订的劳动合同的必备条款。劳动者付出劳动,依照合同及国家有关法律取得报酬,是劳动者的权利。而及时定额地向劳动者支付工资,则是用人单位的义务。用人单位违反这些应尽的义务,劳动者有权依法要求有关部门追究其责任。获取劳动报酬是劳动者持续地行使劳动权不可或缺的物质保证。

④劳动者有权获得劳动安全卫生保护的权利。这是保证劳动者在劳动中生命安全和身体健康,是对享受劳动权利的主体切身利益最直接的保护。其中包括防止工伤事故和职业病。如果企业单位劳动保护工作欠缺,其后果不仅是某些权益的丧失,而且是劳动者健康和生命直接受到伤害。

⑤劳动者享有休息的权利。我国宪法规定,劳动者有休息的权利,国家发展劳动者休息和休养的设施,规定职工的工作时间和休假制度。

⑥劳动者享有社会保险和福利的权利。疾病和年老是每一个劳动者都不可避免的。社会保险是劳动力再生产的一种客观需要。我国劳动法规定劳动保险包括:养老保险、医疗保险、工伤保险、失业保险、生育保险等。但目前我国的社会保险还存在一些问题,如社会保险基金制度不健全、国家负担过重、社会保险的实施范围不广泛、发展不平衡、社会化程度低,影响劳动力合理流动。

⑦劳动者有接受职业技能培训的权利。我国宪法规定,公民有受教育的权利和

义务。所谓受教育,既包括受普通教育,也包括受职业教育。公民要实现自己的劳动权,必须拥有一定的职业技能,而要获得这些职业技能,越来越依赖于专门的职业培训。因此,劳动者若没有职业培训权利,那么劳动就业权利也就成为一句空话。

⑧劳动者有提请劳动争议处理的权利。劳动争议是指劳动关系当事人,因执行劳动法或履行集体合同和劳动合同的规定引起的争议。劳动关系当事人,作为劳动关系的主体,各自存在着不同的利益,双方不可避免地会产生分歧。用人单位与劳动者发生劳动争议,劳动者可以依法申请调解、仲裁,提起诉讼。劳动争议调解委员会由用人单位、工会和职工代表组成。劳动仲裁委员会由劳动行政部门的代表、同级工会、用人单位代表组成。解决劳动争议应该贯彻合法、公正、及时处理的原则。

2.劳动法的适用范围

劳动法第二条规定,在中华人民共和国境内的企业、个体经济组织(以下统称用人单位)和与之形成劳动关系的劳动者,适用本法。国家机关、事业组织、社会团体和与之建立劳动合同关系的劳动者,依照本法执行。

"企业"是指从事产品生产、流通或服务性活动等实行独立经济核算的经济单位,包括各种所有制类型的企业,如工厂、农场、公司等。本条劳动者的适用范围,包括三个方面:

①国家机关、事业组织、社会团体的工勤人员。

②实行企业化管理的事业组织的非工勤人员。

③其他通过劳动合同(包括聘用合同)与国家机关、事业单位、社会团体建立劳动关系的劳动者。劳动法的适用范围排除了公务员和比照实行公务员制度的事业组织和社会的工作人员,以及农业劳动者、现役军人和家庭保姆等。所以,劳动法仅仅是用来调整劳动关系的。比如,我们和用人单位签署或解除劳动合同、请求用人单位工伤赔偿等事项是适用劳动法的,如果是其他法律关系,就应当适用其他法律解决。

3.劳动法中对劳动安全卫生问题的规定

劳动法中相关规定:

第五十二条 用人单位必须建立、健全劳动安全卫生制度,严格执行国家劳动安全卫生规程和标准,对劳动者进行劳动安全卫生教育,防止劳动过程中的事故,减少职业危害。

第五十三条 劳动安全卫生设施必须符合国家规定的标准。新建、改建、扩建工程的劳动安全卫生设施必须与主体工程同时设计、同时施工、同时投入生产和使用。

第五十四条　用人单位必须为劳动者提供符合国家规定的劳动安全卫生条件和必要的劳动防护用品,对从事有职业危害作业的劳动者应当定期进行健康检查。

第五十五条　从事特种作业的劳动者必须经过专门培训并取得特种作业资格。

第五十六条　劳动者在劳动过程中必须严格遵守安全操作规程。劳动者对用人单位管理人员违章指挥、强令冒险作业,有权拒绝执行;对危害生命安全和身体健康的行为,有权提出批评、检举和控告。

第五十七条　国家建立伤亡事故和职业病统计报告和处理制度。县级以上各级人民政府劳动行政部门、有关部门和用人单位应当依法对劳动者在劳动过程中发生的伤亡事故和劳动者的职业病状况,进行统计、报告和处理。

三、安全生产法的内容摘要

为了加强安全生产工作,防止和减少生产安全事故,保障人民群众生命和财产安全,促进经济社会持续健康发展,制定本法。安全生产法于2002年6月29日第九届全国人民代表大会常务委员会第二十八次会议通过,2002年11月1日实施。根据2009年8月27日第十一届全国人民代表大会常务委员会第十次会议《关于修改部分法律的决定》第一次修正,2009年8月27日实施。根据2014年8月31日第十二届全国人民代表大会常务委员会第十次会议《关于修改〈中华人民共和国安全生产法〉的决定》第二次修正,2014年12月1日实施。2020年11月25日,国务院总理李克强主持召开国务院常务会议,确定完善失信约束制度、健全社会信用体系的措施,为发展社会主义市场经济提供支撑;通过《中华人民共和国安全生产法(修正草案)》,意义重大。

1.强化新时代安全发展理念、全面落实安全生产责任制

坚持以人民为中心,树立安全发展理念,坚持安全第一、预防为主、综合治理的

方针,完善安全生产责任制,坚持党政同责,一岗双责,失职追责,坚持管行业必须管安全,管业务必须管安全。管生产经营必须管安全,强化和落实生产经营单位的主体责任,建立生产经营单位负责、职工参与政府监管、行业自律和社会监督的机制,防范各类事故,坚决遏制重特大安全事故。

2.明确安全生产监督机构,配备专职执法人员

乡、镇人民政府以及街道办事处等地方人民政府的派出机关,以及开发区、工业园区、港区等功能区应当明确负责安全生产监督管理的机构,配备专职安全生产执法人员,按照职责对本行政区域内生产经营单位执行有关安全生产的法律,法规和国家标准或者行业标准的情况进行监督检查,协助上级人民政府有关部门或者按照授权依法履行安全生产监督管理职责。

3.强调主要负责人责任落实,并提高处罚力度

《中华人民共和国安全生产法(修正草案)》[以下简称《安全生产法(修正草案)》]第十八条规定,生产经营单位的主要负责人对本单位安全生产工作负有下列职责:(一)建立、健全并落实本单位安全生产责任制;(二)组织制订并落实本单位安全生产规章制度和操作规程。第九十一条规定,生产经营单位的主要负责人未履行本法规定的安全生产管理职责的,责令限期改正;逾期未改正的,处二万元以上五万元以下的罚款,责令生产经营单位停产停业整顿。

4.推行建立安全生产责任保险制度

《安全生产法(修正草案)》第四十八条规定,生产经营单位必须依法参加工伤保险,为从业人员缴纳保险费。国家建立安全生产责任保险制度。矿山、危险化学品、烟花爆竹、建筑施工、民用爆炸物品、金属冶炼等高危行业领域的生产经营单位,应当投保安全生产责任保险。国家鼓励其他生产经营单位投保安全生产责任保险。具体办法由国务院应急管理部门会同国务院财政部门和国务院银行保险监督管理机构制定。

5.生命至上、提高救治措施意识及能力

《安全生产法(修正草案)》第五十三条规定,生产经营单位发生生产安全事故后,应当及时采取措施救治有关人员。因生产安全事故受到损害的从业人员,除依法享有工伤保险和安全生产责任保险外,依照有关民事法律享有获得赔偿的权利,有权向本单位提出赔偿要求。

6.明确应急预案制定范围

《安全生产法(修正草案)》第七十八条规定,易燃易爆物品、危险化学品等危险

物品的生产、经营、储存、运输单位和矿山、金属冶炼、城市轨道交通运营、建筑施工单位生产经营单位以及学校、医院、大型商场等容易发生群死群伤的人员密集场所管理单位应当制订本单位生产安全事故应急救援预案，与所在地县级以上地方人民政府组织制定的生产安全事故应急救援预案相衔接，并定期组织演练。本条第一款规定的其他生产经营单位应当制订本单位应急救援现场处置方案。

7. 新增对安全生产责任保险违法的处罚条款

《安全生产法(修正草案)》第一百零四条规定,矿山、危险化学品、烟花爆竹、建筑施工、民用爆炸物品、金属冶炼等高危行业领域的生产经营单位未按照国家规定投保安全生产责任保险的,责令限期改正,并处五万元以上十万元以下的罚款;逾期未改正的处十万元以上二十万元以下的罚款,并责令停产停业整顿直至其投保安全生产责任保险。

【互动探索】

讨论:在劳动法和安全生产法中,我们很难找到关于大学生的劳动保护条例。那么,大学生校外兼职和大学生顶岗实习时该如何保障自己的劳动权益?

四、《职业学校学生实习管理规定》的出台背景及内容摘要

(一)《职业学校学生实习管理规定》(以下简称《规定》)出台的背景

1. 贯彻落实中央领导批示精神和加快发展现代职业教育有关部署的要求

《国务院关于加快发展现代职业教育的决定》要求,要加大实习实训在教学中的比重,创新顶岗实习形式,强化以育人为目标的实习实训考核评价。中央领导同志也多次就职业学校学生实习工作做出批示。研究制定《规定》,是贯彻落实全国职教会精神和中央领导批示的具体举措。

2. 保证实习教学效果,推动职业教育人才培养质量提升的客观需要

实习是职业教育的基本环节,加强实习管理,是保证实习教学效果、提高人才培养质量的重要保障。近年来,一些职业学校在实习管理方面,失之于宽失之于松,影响了技术技能型人才培养质量的提升,损害了学生权益,亟须加以引导和规范。

3. 回应各方关注,解决实习中突出问题的迫切需求

随着职业教育的快速发展和经济社会发展面临的新形势新要求,职业学校学生在实习中呈现出部分新的问题,受到各方密切关注,亟须从制度层面加以引导规范,

回应社会关切,维护学生、学校和实习单位的合法权益。

(二)《职业学校学生实习管理规定》(以下简称《规定》)主要内容

《规定》全文共6章39条。第一章总则,主要包括文件制定的法律依据和目的、实习的分类和定义、实习工作的总体原则和政府相关部门责任等。第二章实习组织,明确了实习单位的资质要求、实习组织方式、实习时间等。第三章实习管理,主要包括健全实习管理制度、签订实习协议、保障学生知情权、保护学生基本权利、实习岗位的禁止性规定、实习报酬、实习单位免税政策、实习纪律等。第四章实习考核,提出建立以育人为目标的实习考核评价制度,将实习考核结果纳入学籍档案,对违反实习纪律的学生的处理,实习材料的立卷归档等。第五章安全职责,提出了对职业学校、实习单位在保障学生实习安全方面的要求。第六章附则,对相关补充事项做了说明。

与2007年《中等职业学校学生实习管理办法》相比,文件有4点显著变化:一是明确实习概念,将实习分为认识实习、跟岗实习和顶岗实习,并分类管理。同时,调整规范范围,从中职扩展到包括高职在内的所有职业学校;二是强调全过程管理,细化了部分内容,条款从17条扩充到39条;三是突出实习的教育教学属性,增加相关表述;四是更加关注重点难点问题,完善顶层设计。

(三)《职业学校学生实习管理规定》(以下简称《规定》)对保护学生权益的相关规定

保护学生的合法权益,是教育行政部门、职业学校、实习单位义不容辞的责任,此《规定》从四个方面加强监管,要求切实保障学生合法权益。

①协议约定。《规定》要求跟岗实习、顶岗实习必须签订三方协议,明确各自责任、权利和义务,并对实习协议的基本内容做出规定。

②明确禁止性事项。《规定》中第十五条和第十六条,对实习中的禁止性情形做出要求,提出“六不得”,即:不得安排、接收一年级在校学生顶岗实习;不得安排未满16周岁的学生跟岗实习、顶岗实习;不得安排未成年学生从事《未成年工特殊保护规定》中禁忌从事的劳动;不得安排实习的女学生从事《女职工劳动保护特别规定》中禁忌从事的劳动;不得安排学生到酒吧、夜总会、歌厅、洗浴中心等营业性娱乐场所实习;不得通过中介机构或有偿代理组织、安排和管理学生实习工作。除相关专业和实习岗位有特殊要求,并报上级主管部门备案的实习安排外,不得有以下三种情况:安排学生从事高空、井下、放射性、有毒、易燃易爆及其他具有较高安全风险的实习;安排学生在法定节假日实习;安排学生加班和上夜班。

③要求职业学校和实习单位不得向学生收取实习押金、顶岗实习报酬提成、管理费或者其他形式的实习费用，不得扣押学生的居民身份证，不得要求学生提供担保或者以其他名义收取学生财物。

④对顶岗实习学生占实习单位在岗人数比例做出约定。《规定》明确顶岗实习学生的人数不超过实习单位在岗职工总数的10%，在具体岗位顶岗实习的学生人数不高于同类岗位在岗职工总人数的20%。

（四）《职业学校学生实习管理规定》（以下简称《规定》）对学生实习中的安全问题相关规定

"安全无小事。"学生在实习中，要坚持"安全第一"的原则，《规定》对安全问题尤其重视，体现在以下三个方面。

①安全职责独立成章，强调实习全过程的安全管理。第五章从安全要求、安全制度、岗前培训、实习保险、事故赔偿等角度，规范安全防患、责任保险以及事故处理，强调实习全过程中的安全保障问题。

②协议约束。实习协议的必备条款共八项，其中两项和安全相关，包括：实习期间劳动保护和劳动安全、卫生、职业病危害防护条件和责任保险与伤亡事故处理办法，对不属于保险赔付范围或者超出保险赔付额度部分的约定责任。

③强调要为实习学生投保实习责任保险。《规定》中第三十五条规定，推动建立学生实习强制保险制度。职业学校和实习单位应根据国家有关规定，为实习学生投保实习责任保险。责任保险范围应覆盖实习活动的全过程，包括学生实习期间遭受意外事故及由于被保险人疏忽或过失导致的学生人身伤亡，被保险人依法应承担的责任以及相关法律费用等。《规定》进一步明确，职业学校和实习单位应根据国家有关规定，为实习学生投保实习责任保险。

五、《职业学校学生顶岗实习管理规定（试行）（征求意见稿）》内容摘要

各高职院校都十分重视学生的顶岗实习工作，也按照相关规定组织实施了顶岗实习，但由于我国对高职院校学生顶岗实习缺乏政策规范，导致了诸如实习学生实习岗位与所学专业脱节、在企业实习过程中受到不公正待遇、学生在实习中受到伤害难以得到应有赔偿等问题。同时这些问题也成为进一步深化顶岗实习工作的瓶颈，严重阻碍了顶岗实习工作的健康发展。因此，教育部出台了《职业学校学生顶岗实习管理规定（试行）（征求意见稿）》，对高职院校顶岗实习工作起到重要的指导和促进作用。

（一）《职业学校学生顶岗实习管理规定（试行）》对顶岗实习中学生权益的规定

顶岗实习是职业院校人才培养的重要环节，是高职学生的"必修课"。由于企业在顶岗实习中的"强势地位"，部分企业还要向实习生收取各种名目的"培训费"，实习学生客观上成为中介公司、企业甚至学校的营利工具。对此，《规定》中第十五条规定，学校和实习单位不得通过中介机构有偿代理组织、安排和管理学生顶岗实习工作。第十六条规定，实习报酬的形式、内容和标准应当通过签订顶岗实习协议进行约定；学校和实习单位不得向学生收取实习押金、实习报酬提成和其他形式的实习费用。

（二）《职业学校学生顶岗实习管理规定（试行）》对实习生安全保障的规定

随着我国对高职教育重视程度和投入力度的加大，近些年高职教育得到了迅速发展，在校生人数猛增，这无形中加大了高职院校安排和管理学生顶岗实习的压力，顶岗实习过程中学生的安全隐患日益显现，人身伤害事故时有发生。

作为对这一现象的回应，《规定》中第二十六条规定，各级教育行政部门应当建立健全顶岗实习管理制度。要加强监督检查，协调有关职能部门、实习单位和其他有关方面，共同做好顶岗实习管理工作，保证顶岗实习工作、安全和有序。《规定》中第二十七条规定，学校和实习单位应当加强顶岗实习学生安全意识教育、岗前安全生产教育和培训，保证顶岗实习学生具备必要的安全生产知识和自我保护能力，掌握本岗位的安全操作技能。未经安全生产教育和培训的实习学生，不得顶岗作业。《规定》中第二十八条规定，学校应为学生投保与其实习岗位相对应的学生实习责任保险。保险责任范围应当覆盖学生实习活动的全过程。学生实习责任保险的经费可从学校学费中列支。学校与企业达成协议由企业支付投保经费的，企业支付的实习责任保险费据实从企业成本（费用）中列支。《规定》中第三十条规定，顶岗实习期间学生人身伤害事故的赔偿，应当依据《中华人民共和国侵权责任法》和教育部《学生伤害事故处理办法》等有关规定处理。

【案例分析】

2019年8月初，何某某经熟人介绍进入宁波市某某地块的项目工地工作，岗位为泥水工。何某某的工作由小包工头刘某某安排和管理，未与工地的承建公司签订书面劳动合同。2019年9月1日上午，何某某在工地上工作时，不慎从所站立的木凳上摔落下来而受伤。何某某被送至宁波第六医院住院治疗，入院诊断为：右胫骨远端骨折、右腓骨小头骨折。

思考:

本案中,何某某能否被认定为工伤,得到赔偿?

【拓展探究】

姓名		学号		班级	
1	问题:你关注过劳动相关法律法规吗? 如果关注过,是在什么情况下开始关注的?				
	思考作答:				
2	问题:你认为劳动相关法律法规能帮助大学生注意劳动过程中的安全问题吗? 为什么?				
	思考作答:				
3	问题:你认为我们应该从哪些方面注意劳动安全呢?				
	思考作答:				
教师评语					

第三节 劳动安全保障

安全是人权保障的一项基本内容,安全的保障和实现是衡量社会文明进步的主要标志之一,劳动者的安全与健康也是衡量一国人权保障水平、经济发展水平和社会管理水平的重要指标。马克思认为,人类只有通过劳动才能得到真正的解放,人类追求自由的意识要通过劳动来体现,只有通过劳动,人们才能找到自我价值,获得真正的发展。安全的工作环境能够有效减少和防止生产事故和职业病危害的发生,因此必须为劳动者创造安全的劳动环境,保障劳动者在工作过程中的生命安全和健康。

材料一:

2013年12月31日,北京局丰台西站一场北咽喉菱12号道岔岔心处,因丰台工务段丰西一岔工区工长违章安排2名劳务工上线进行油刷钢轨标记作业,且未设置专职防护员,其中1人被转线的调车机车剐碰致死。

材料二:

2014年3月21日,沈阳铁路局大连供电段在大连北牵引变电所检修作业过程中,作业安全监护人、检修车间副主任进入带电运行的变压器,造成人身触电重伤事故。

思考:

(1)造成安全事故的原因是什么?

(2)如何能够降低生产安全事故的发生频率?

一、劳动安全防护

伴随着经济发展而频繁发生的安全生产事故,不仅造成了国家财产和公民生命的巨大损失,严重制约了我国经济的平稳发展,而且与我国当前构建和谐社会的目标相悖。获得劳动安全防护是公民劳动权的重要内容之一,劳动者在安全的条件下进行劳动是生存权利的基本要求。如果不赋予劳动者劳动安全保护权,劳动者在生命、健康没有保障的情况下工作,那么,劳动权对劳动者而言就毫无意义。

(一)劳动安全防护的定义

劳动安全防护是指国家和单位为保护劳动者在劳动过程中的劳动安全和身体健康所采取的立法、组织和技术措施的总称。劳动安全防护的目的是消除劳动过程中危及人身安全和身体健康的不良条件与行为,防止伤亡事故和职业病,保障劳动者在劳动过程中的安全和健康,保障劳动者以健康的状态参加社会生产,促进劳动生产率的提高,保证社会主义现代化建设顺利进行。

(二)劳动安全防护的重要意义

保护劳动者在劳动过程中的安全与健康,是我国的一项基本方针,是坚持社会主义制度的本质要求,是发展生产、促进经济建设的一项根本性大事,也是社会主义物质文明和精神文明建设的一项重要内容。

1. 劳动安全防护是中国共产党和我们国家的一项基本政策

"加强劳动保护,改善劳动条件",是载入中国宪法的神圣规定。新中国建立以来,中国共产党和人民政府十分重视劳动保护工作。早在 1956 年国务院发布《工厂安全卫生规程》《建筑安装工程安全技术规程》和《工人职员伤亡事故报告规程》时就指出,"改善劳动条件,保护劳动者在生产劳动中的安全健康,是我们国家的一项重要政策。"在全国人大七届四次会议上通过的国民经济第八个五年计划纲要中,明确规定了要"加强劳动保护,认真贯彻'安全第一,预防为主'的方针,强化劳动安全监察,努力改善劳动条件,努力降低企业职工伤亡率和职业病发作率。加强安全技术政策,劳动保护科学的研究和科技成果推广,努力改善检验手段"。目前,国家正在不断通过健全劳动保护立法,强化劳动保护监察和安全生产管理,推进安全技术、职业卫生技术与有关工程等措施,保证宪法要求的这一基本政策的实现。

既然保护劳动者在生产劳动中的安全健康是中国共产党和我们国家的一项基本政策,其当然是各类企业进行经营管理的基本原则。只有加强劳动保护,才能确保安全生产,从而改变长期以来不少企业中工伤事故频繁和职业危害严重的不良局面。不然,势必严重损害千百万职工的切身利益,伤害他们建设社会主义的积极性和主观能动精神,不利于社会安全和现代化建设事业的持续、稳定发展。所有这些不利影响都有悖中国共产党和社会主义制度国家的根本宗旨,损害国家在国际上的形象,必须努力防止其产生。

2. 劳动安全防护是促进国民经济发展的重要条件

劳动保护不仅包含着重要的政治意义,从某种意义上来说,劳动保护又有着深刻的经济意义。在生产过程中,人是最宝贵的,人是生产力诸要素中起决定作用的因素。探索和认识生产中的自然规律,采取有效措施,消除生产中不安全和不卫生因素,可以减少和避免各类事故的发生;创造舒适的劳动环境,可以激发劳动者热情,充分调动和发挥人的积极性,这些都是提高劳动生产率、提高经济效益的基本保证。同时,加强劳动保护工作,还可减少因伤亡事故和职业病而造成的工作日损失和救治伤病人员的各项开支;减少由于设备损坏、财产损失和停产造成的直接或间接经济损失。这些都与提高经济效益密切相关。

经济发展的历程表明,搞好劳动保护是发展经济的一条客观规律。人们如果能很好地认识它和利用它,就能达到理想的效果;反之,就会受到处罚。如美国在印度的博帕尔化学公司的甲基异氰酸盐储罐泄漏事故,导致大量毒气外泄;苏联切尔诺贝利核电站 4 号反应堆爆炸事故,导致大量放射性物质严重污染大气。这些事故造成了巨大的人身伤亡和经济损失,污染了环境,破坏了生态平衡,扰乱了社会的正常生产秩序。

(三)劳动安全防护的基本知识

1. 作业人身安全标准

(1)机械作业人身安全标准

①严格执行机械安全技术操作规程。

②在机械设备使用前,必须检查其是否处于良好状态。

③检查机械各部位螺丝有无松动现象。

④检查电源开关是否牢固,线路有无折断、破损现象。

⑤机械各传动部位是否有防护装置。

⑥禁止湿手操作电力开关,防止触电事故发生。

⑦机械各转动部位、注油孔应添加润滑油。

⑧开启机器后,是否有异声等异常现象。

⑨发现机械有故障,应修复后方可使用。

⑩在设备使用中发现故障应立即拉下闸刀,关闭电源,报告有关部门派员修理;故障排除后方可使用。

⑪在机器转动中,严禁用手或其他物件触动各传动部位,防止发生人身安全

事故。

⑫操作人员应集中精神作业,不准擅离职守或做其他无关的工作。因事离开时,必须拉下闸刀,关闭电源,方可离开。

⑬机器使用完毕,应立即停机,拉下闸刀,关闭电源。

⑭严禁带电擦洗、清扫机械,接触碱水部件必须用清水清洗,保持机械的卫生状态良好。

⑮严禁用清水、湿布擦洗电机及电器部分。

⑯机械运转、摩擦注油部位,做到每天加油一次,使其经常处于良好的润滑状态。

⑰熟悉设备使用性能,牢记安全操作规程。

⑱操作人员在工作中,要衣帽穿戴整齐,系带要系紧,不要有松动现象,以防发生事故。

(2)电工作业人身安全标准

①遵守国家的法律、法令和公司的管理标准、工作标准、作业标准及规章制度,自觉遵守《员工手册》。

②认真执行有关用电安全知识和配电技术操作规程。

③上班前应佩戴好劳保用品,确认设备无异常后,进行交接班并签字。

④认真检查各类防护设备,消防器材、防鼠工具及各类测试工具和送排风设备。

⑤值班中应及时巡查设备,详细记录设备的运转数据,发现异常要及时处理。

⑥做好临时停电的应急准备,停电、来电时应按规程操作配电设备,电工作业时应进行登记,并挂上"有人工作,严禁合闸"的警示牌。

⑦严禁无关人员进入配电室,确有工作需要,必须进行登记,经许可后方可入内。

⑧做好用电记录,及时记录用电情况及有关部门的用电通知,并向有关人员反映,确保正常用电。

(3)服务员作业人身安全标准

①定期接受安全培训、参加应急演练,彻底掌握消防"三懂四会"内容。

②掌握吸尘器等清洁卫生工具的性能和使用方法,并按时维修保养设施设备,确保劳动安全。

③在清扫房间时将房内所有的火柴和烟蒂浸水后再倒入垃圾袋,同时检查房间内电源设施使用安全情况。

④加强楼层的安全巡视工作,及时提醒客人关闭房门,发现可疑人员或可疑物品及时向上级和安保人员报告。

⑤做房(指房务员清洁、整理客房)时,按照要求填写工作单(明确做房的进出时间),做房后,一定要回推房门,确定房门锁闭后才能离开。

⑥客人要求打开房门时,一定要核对客人的房号是否正确,以免发生治安事件。

⑦遇到有不良动机或酒后闹事的客人应向上级汇报,必要时可以请求安保人员支援,确保自身安全。

⑧掌握地毯清洗机、大理石抛光机等工具的性能和使用方法,并按时检查、维修、保养设施设备,确保安全。

⑨在登高作业时,系好安全带,梯子有防滑垫,下方有人扶梯监护,并不要垂直传送工具。

⑩在清洁高层客房窗户时,系好安全带,发现窗户把手松动时,报工程维修加固,以免高空坠落伤人。

⑪采用清洁剂清洗时,要了解清洁剂的性能是否对人体有害,按照要求戴好防护手套和口罩。

(4)维修人员作业人身安全标准

①工作前穿戴好规定的防护用品,认真检查各项设备工具的安全。

②进行高空作业要有安全措施,并戴好安全带。

③严禁上、下抛递材料、工具,在使用升降梯时应检查脚踏处是否牢固,防滑垫是否完好。

④严禁在开动的机器、设备上进行维修工作。

⑤不准戴手套操作钻床,不准伸手触摸已开动的机器设备。

⑥自觉维护一切设备的安全防护装置,任何人不得随意拆卸安全防护装置,如有损坏应及时报告,并积极进行修复。

⑦未经过特殊工种专业培训,一律不准进行特殊工种设备操作和维修工作。

⑧使用移动电动工具前先检查,同时必须戴好绝缘手套、穿绝缘鞋,对手持电动工具必须定期进行安全测试。

⑨认真执行交接班制度,在交接班同时需要交接安全生产注意事项,及时发现并解决事故隐患。下班前关闭不使用的电源。

2. 铁路劳动安全防护知识

（1）一般安全防护知识

①通过线路时，应走天桥、地道、平过道，通过平交道口时，并严格执行"一停、二看、三通过"制度，注意左右来往机车、车辆动态及脚下障碍物。严禁钻爬车底，跨越车钩。

②严禁扒乘机车、车辆和行包、邮政拖车（行包装卸人员按规定执行），以车代步。顺线路行走时应走路肩，不走轨心、轨面和轨枕头，并随时警觉前后列车。禁止在运行中的机车、车辆前抢越线路。

③小型机动车通过平过道时必须有人引导。在线路、站台、天桥、地道等部位行走或作业时，严禁使用手机聊天，严禁打闹嬉戏。

④在线路股道中作业时，应随时注意线路列车通过情况。需穿越停有机车、车辆的线路时，必须先确认机车、车辆是否移动，然后在距机车、车辆 10 m 处通过。严禁在运行的机车、车辆前面抢越线路和平交道。

⑤进行线路作业时，应从站台两端（或中部）平交道进入线路，不得从站台直接跨入线路。

⑥行包装卸人员装卸作业，必须严格执行"车停开始，铃响停止"的作业规定，严禁车动时抢装、抢卸、抓车、跳车和随车奔跑。

⑦客运人员接班前，必须充分休息，保持精力充沛。严禁在接班前和工作中饮酒。

（2）动车组安全防护知识

①列车通过前 10 min 或有列车连续通过时段内，必须停止在本线及邻线（线间距不足 6.5 m）上的检查、清扫道岔（包括加油）作业，所有作业人员必须下道避车，避车地点应距钢轨头部外侧不少于 3 m，严禁横越线路避车。

②车站助理值班员办理接车作业时，应提前出场，在固定位置接车。固定接车位置应设在距钢轨头部外侧不少于 3 m 处；不足 3 m 时，可选择便于瞭望列车运行的适当地点接车，并应提前告知机车乘务员接车位置；严禁在列车通过的线路与邻线之间接车。

③列车通过前 10 min，车站值班员应通知调车长停止影响列车进路的调车作业，停止线间距不足 6.5 m 的邻线上调车人员站立在通过列车一侧的调车作业，调车长应通知每位调车作业人员到安全地点避车。

④列车通过前 10 min，相邻线路列车的试风、上水，核对车号、货检（监）、货物装

卸和线路保洁等作业人员必须停止作业,下道避车,避车地点距钢轨头部外侧应不少于3 m。

⑤列车运行速度160 km/h及以上区段,作业人员避车时应遵守以下规定:不得到邻线避车;本线避车时,距钢轨头部外侧距离应满足:120 km/h<最大速度≤160 km/h时,不小于2.5 m;160 km/h<最大速度≤250 km/h时,不小于3 m。

⑥列车通过前10 min,客运值班(服务)员应对列车通过线路一侧的站台进行检查,维护好站台秩序。站台上的人员及行包、邮政作业车辆、售货车和其他物品,必须撤离至与站台边缘距离为2 m的安全标线以内避让。站台上的机动车辆必须指派专人看管;售货车必须停放在规定地点,并上锁固定。

⑦列车通过前10 min,车站平过道监护人员必须到岗监护,各种机动车辆及手推(拖)车和人员必须撤离到安全地点避车,严禁抢越通过。

(3)电气化铁路安全知识

①严禁登上机车车辆的车顶或翻越车顶通过线路。

②在接触网带电的情况下,严禁用水冲刷车皮。

③在接触网带电情况下,严禁用棒条等物处理车辆顶部的扒车人员或物体。

④作业人员拿有长大物体通过电气化铁路时,必须使其保持水平状态通过。

⑤为保证人身安全,除专业人员执行有关规定外,其他人员(包括所携带的物件)与牵引供电设备带电部分的距离不得少于2 000 mm。

(四)大学生实习安全保障机制

自2006年教育部印发《教育部关于全面提高高等职业教育教学质量的若干意见》,要求高职院校要大力推行工学结合的人才培养模式,大学开始将实习纳入教学内容中。由于市场上实习大学生供过于求,校企合作约定简单模糊以及大学生实习相关的劳动法律制度不够完善,实习大学生劳动安全受损的事件层出不穷。因此,国家建立了实习大学生劳动安全保障机制,以促进学校、企业和学生三方共同做好学生劳动安全保障工作。

(1)学校要加强校企合作

校企合作是推进大学生实习的一种有效渠道,校企合作既减少了大学生自己寻找实习单位的成本,也有利于对实习生的管理和权益保护。首先,提高校企合作的范围和档次。目前校企合作主要在职业院校和教育专业开展,显然范围太小。各个高校应积极联系企事业单位,主动与他们开展合作,争取双赢。同时,目前很多学生不愿去学校安排的单位实习,主要原因是学校联系的部分实习单位小且名气不大,高校可以根据学校能力进一步拓宽合作对象范围。其次,完善校企合作协议。目前有的校企合作并未签订校企合作协议,致使前往实习的学生的工作岗位、工作环境、工作时间和报酬不合适却又无力改变。校企合作协议可以认定为民事合同,违约需要承担民事责任。学校、企业和学生三者必须签订协议,并且内容要完整(可参照集体合同),主要包括实习地点、实习岗位、实习环境及安全保障措施、实习工资和工时、违约责任和争议解决方法等,协议内容是解决争议的依据。

(2)企业要增强社会责任感,合理安排实习生

实习生仍是学生,在工作中处于弱势地位,社会要对其多一些关注和帮助,积极开展实习生权益保护的宣传教育。雇用实习生的单位要注重长期品牌发展,增强社会责任感。在实习生上岗前,单位相关部门要对实习生开展安全培训,告知其注意事项,全方位、多层次讲述安全信息,尽量减少事故发生的概率。在大学生实习期间,单位应严格遵守劳动法律法规,不恶意安排实习生长时间加班等,遇到问题与实习生耐心协商,和平解决纠纷、矛盾。

(3)学生要提高自我保护意识,积极运用法律维权

实习大学生是劳动权益的主体,实习生要意识到自己拥有的权益,积极维权。高校有必要把实习大学生的合法权益保障问题纳入学校管理日程中,将保障实习生劳动权益作为就业指导中心的一个工作职能,组建专门的大学生合法权益保障与服务中心机构,为维护实习大学生的合法权益发挥作用。其工作内容包括两方面:一是劳动权益教育。组织大学关于劳动权益内容、保障机制的培训,回答大学生关于权益受损和保障方面的咨询,以提高大学生法律意识。二是劳动权益救助。当实习生权益受到侵害时,积极帮助实习生与实习单位协商和仲裁,维护实习大学生权益。

【案例分析】

某机械厂机加工车间内,一名操作人员违规戴手套操作车床进行加工作业。在车削过程中,在清理铁屑时不慎被旋转的车床主轴卷住,旁边的工作人员发现后立即关掉车床电源开关,车床操作人员从车床甩落至地面,立即送医院,经抢救无效于当日死亡。

思考:

这次安全事故哪些人存在过失?应该由谁来承担责任?

二、劳动社会保障

社会保障是现代国家一项基本的社会经济制度,是社会安定的重要保障,也是社会文明进步的重要标志。社会保障的根本原则就是社会公平,社会保障是所有社会成员效用的最大化。社会保障制度是社会经济发展的"推进器",是实现社会公平的"调节器",是维护社会安定的"稳定器"。

(一)劳动社会保障的重要作用

1.社会保障制度可弥补市场经济的不足

社会保障制度可为市场经济的正常运行提供良好的社会环境和保证条件。这是因为,市场经济遵循价值规律运行。价值规律和市场机制作用的结果:一方面促进了经济效益的提高和生产的发展;另一方面又会导致在收入分配上存在较大差距,一部分人收入很高,生活富裕,一部分人收入很低,陷入贫困的境地。同时,由于优胜劣汰的竞争规律的作用,部分企业破产,工人失业,一部分人陷于生活无着的困境。由此可见,市场经济自发向效率倾斜,不能自发地实现社会公平分配。而收入分配不公,是社会不稳定的隐患。在市场经济条件下建立和完善社会保障制度,通过收入再分配兼顾社会公平,能起到维护社会稳定和安全的作用,为改革和发展提供保证。同时,社会保障制度可以分散劳动者可能遇到的各种风险,也是对市场经济缺陷的一种弥补。此外,在市场经济条件下,劳动力作为主要的生产要素,需要在不同地区、不同所有制的企业合理流动,如果没有社会化的社会保障制度为劳动者提供养老、医疗、失业等保障,劳动力就无法流动,劳动力资源的合理配置就难以实现。建立和完善社会保障体系,有利于保证劳动力平等进入市场,参加竞争,使劳动力资源得到充分开发和合理利用,以维护经济更快更好地发展。

2.社会保障制度为企业创造平等的竞争条件

我国原有的保障制度,是企业保障制度。在这种制度之下,一切保障费用均由企业自行筹措和负担,而各个企业发生风险的人数有多有少,退休人员与在职职工的比例有高有低,发生的风险的程度有大有小,因而在保障费用的负担上畸轻畸重。在这种情况下,企业不可能平等竞争。建立和完善社会保障制度,可以帮助企业卸掉包袱、轻装上阵,为企业创造平等的竞争条件。同时,实行社会保障制度,企业为职工交纳的社会保障费用的费率是统一的,这就均衡了各个企业社会保障费用的负担,为企业提供了平等竞争的条件。此外,竞争必然导致优胜劣汰,社会保障能使失业者的基本生活得到保障,从而为企业竞争和资源优化组合配置提供良好的外部环境,促进经济的发展。

3.社会保障制度解除了劳动者的后顾之忧

劳动者在劳动中可能发生工伤风险、疾病风险和失业风险。女职工要生育子女,这将使部分职工丧失劳动能力和劳动岗位,失去和减少维持生活的收入来源。此外,劳动者也必然由青年走向壮年,最后步入老年而丧失劳动能力。如果这些人的基本生活得不到保障,他们就难以生存下去,必将影响社会的稳定和发展。建立和完善社会保障制度,就使劳动者在暂时或永久丧失劳动能力时,可以获得社会给予的物质帮助和保障,能够正常地继续生存下去。这就解除了劳动者的后顾之忧,有利于调动职工的劳动积极性,有利于社会的稳定。可见,社会保障制度是社会和经济发展的"稳定器"。

4.社会保障制度能促进社会和谐

建设一个民主法治、公平正义、诚信友爱、充满活力、安定有序、人与自然和谐相处的社会主义和谐社会,是我国各族人民的共同愿望。构建社会主义和谐社会,客观上要求我们更加注重解决困难群众的社会保障问题,使广大人民群众都能够分享经济增长、社会进步和改革开放的成果。社会保障制度在调节收入分配、维护社会公平、保障社会成员的基本人权和社会权利、促进社会和谐等诸方面发挥着至关重要的作用,是其他制度难以替代的。尤其是在经济转轨时期,我国还存在不少影响社会和谐的矛盾和问题,如:就业难、就医难、读书难等关系群众切身利益的问题,都是社会不和谐的因素。建立和完善社会保障制度,有利于化解社会矛盾,消除社会不和谐的因素,促进社会和谐。

(二)劳动与社会保障基本内容

劳动与社会保障制度是由国家制定法律、强制实行的一种基本社会保障制度,劳动与社会保障是全体中国公民都享有的一项权利。一般来说,社会保障由社会保险、社会救济、社会福利、优抚安置等组成。其中,社会保险是社会保障的核心内容。社会保险是指国家通过立法建立的一种社会保障制度,目的是使劳动者在因年老、失业、患病、工伤、生育而减少或丧失劳动收入时,能从社会获得经济补偿和物质帮助,保障基本生活。从社会保险的项目内容看,它是以经济保障为前提的。一切国家的社会保险制度,不论其是否完善,都具有强制性、社会性和福利性这三个特点。按照我国劳动法的规定,社会保险项目分为养老保险、失业保险、医疗保险、工伤保险和生育保险。社会保险的保障对象是全体劳动者,资金的主要来源是用人单位和劳动者个人的缴费,政府给予资助。依法享受社会保险是劳动者的基本权利。

1. 养老保险

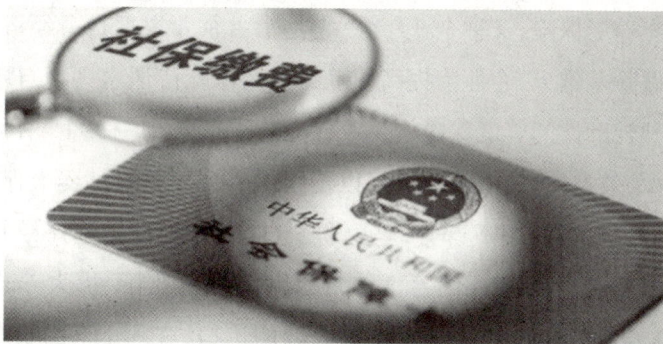

（1）养老保险的定义

养老保险（Endowment Insurance）是国家依据相关法律法规规定,为解决劳动者在达到国家规定的解除劳动义务的劳动年龄界限或因年老丧失劳动能力而退出劳动岗位后的生活问题,建立的一种保障其基本生活的社会保险制度。目的是以社会保险为手段来保障老年人的基本生活需求,为其提供稳定可靠的生活来源。养老保险是在法定范围内的老年人"完全"或"基本"退出社会劳动生活后才自动发生作用的。所谓"完全",是以劳动者与生产资料的脱离为特征;所谓"基本",指的是参加生产活动已不成为主要的社会生活内容。其中法定的年龄界限才是切实可行的衡量标准。同时被保险人只有满足以下两个条件:达到国家规定的退休条件已办理相关手续;按规定缴纳基本养老保险费累计缴费年限满15年的,经劳动保障行政部门核准后的次月起,方可按月领取基本养老金及丧葬补助费等。基本养老保险费由企业和被保险人按不同缴费比例共同缴纳。

（2）养老保险的四个层次

我国的养老保险由四个层次（或部分）组成。第一层次是基本养老保险,第二层次是企业补充养老保险,第三层次是个人储蓄性养老保险,第四层次是商业养老保险。在这种多层次养老保险体系中,基本养老保险可称为第一层次,也是最高层次。

基本养老保险(亦称国家基本养老保险),它是国家和社会根据一定的法律和法规,为解决劳动者在达到国家的解除劳动义务的劳动年龄界限,或因年老丧失劳动能力退出劳动岗位后的基本生活而建立的一种社会保险制度。基本养老保险以保障离退休人员的基本生活为原则。它具有强制性、互济性和社会性。它的强制性体现在由国家立法并强制实行,企业和个人都必须参加而不得违背;互济性体现在养老保险费用来源,一般由国家、企业和个人三方共同负担,统一使用、支付,使企业职工得到生活保障并实现广泛的社会互济;社会性体现在养老保险影响很大,享受人多且时间较长,费用支出庞大。企业补充养老保险,由国家宏观调控、企业内部决策执行的企业补充养老保险,又称企业年金,它是指由企业根据自身经济承受能力,在参加基本养老保险基础上,企业为提高职工的养老保险待遇水平而自愿为本企业职工所建立的一种辅助性的养老保险。企业补充养老保险是一种企业行为,效益好的企业可以多投保,效益差的、亏损企业可以不投保。个人储蓄性养老保险,是我国多层次养老保险体系的一个组成部分,是由职工自愿参加、自愿选择经办机构的一种补充保险形式。实行职工个人储蓄性养老保险的目的在于,扩大养老保险经费来源,多渠道筹集养老保险基金,减轻国家和企业的负担;有利于消除长期形成的保险费用完全由国家“包下来”的观念,增强职工的自我保障意识和参与社会保险的主动性。商业养老保险是以获得养老金为主要目的的长期人身险,它是年金保险的一种特殊形式,又称为退休金养老保险,是社会养老保险的补充。商业性养老保险的被保险人,在缴纳了一定的保险费以后,就可以从一定的年龄开始领取养老金。

2. 医疗社会保险

医疗社会保险是指社会劳动者因疾病、受伤或生育需要治疗时,由社会提供必要的医疗服务和物质保障的一种制度,又称“公费医疗”,简称“医疗保险”。医疗社会保险是社会保险体系的重要组成部分,它与其他社会保险既有联系,又有区别。医疗社会保险保障公民的身体健康,与养老、失业、工伤、生育等其他保险一起,共同对劳动者的生、老、病、死、残起着保障作用。医疗社会保险具有以下特点:

(1)普遍性

医疗社会保险的覆盖对象原则上应是全体公民,因为疾病的风险是每个人都难以回避的,而养老、失业、工伤、生育风险的对象主要是劳动者,不是每个人都会遇到失业,发生工伤的概率更小。因此,医疗社会保险是社会保险体系中覆盖面最广、作用最频繁的险种。

（2）复杂性，涉及面广

医疗社会保险不仅与国家的经济发展阶段及生产力发展水平有关，还涉及医疗保健服务的需求和供给。为了确保医疗保险基金的合理使用和正常运转，医疗社会保险还存在着设计必要的制度机制，以便对医疗服务的享受者和提供者的行为进行合理引导和控制的问题。这些都是其他社会保险所没有的。

（3）短期性、经常性

由于疾病的发生是随机性的、突发性的，医疗社会保险提供的补偿也只能是短期性、经常性的，不像其他社会保险如养老保险或生育保险那样是长期性的、可预测的或一次性的。因此，医疗社会保险在财务处理方式上也与其他社会保险不同。

（4）医疗费用难以预测和控制

医疗费用因受多种因素影响，其费用变化较大，难以掌握。

（5）基金实现专款专用

按一定方式筹集起来的医疗保险基金，只有当被保险人患病、非因工负伤等需要支付医疗费时，才按享受待遇的有关规定进行结算，同时享受医疗服务，并且享受的医疗服务待遇与其工资水平无关，只与实际病情有关，绝对不得提现使用，真正实现了专款专用。

3. 失业保险

失业保险是指国家通过立法强制实行的，由社会集中建立基金，对因失业而暂时中断生活来源的劳动者提供物质帮助进而保障失业人员失业期间的基本生活，促进其再就业的制度。在我国，失业人员满足三个条件（非因本人意愿中断就业；已办理失业登记，并有求职要求；按照规定参加失业保险，所在单位和本人已按照规定履行缴费义务满 1 年）方可享受失业保险待遇，待遇内容主要涉及以下几个方面。

①按月领取的失业保险金，即：失业保险经办机构按照规定支付给符合条件的失业人员的基本生活费用。

②领取失业保险金期间的医疗补助金，即：支付给失业人员领取失业保险金期间发生的医疗费用的补助。

③失业人员在领取失业保险金期间死亡的丧葬补助金和供养其配偶直系亲属的抚恤金。

④为失业人员在领取失业保险金期间开展职业培训、介绍的机构或接受职业培训、介绍的本人给予补偿，帮助其再就业。

根据《失业保险条例》(国务院令第 258 号)对失业保险费缴纳的规定,城镇企业事业单位应按照本单位工资总额的百分之一到一点五缴纳失业保险费。单位职工按照本人工资的百分之零点五缴纳失业保险费。城镇企业事业单位招用的农民合同制工人本人不缴纳失业保险费。

失业保险待遇是由失业保险金、医疗补助金、丧葬补助金和抚恤金、职业培训和职业介绍补贴等构成。失业保险待遇中最主要的是失业保险金,失业人员只有在领取失业保险金期间才能享受到其他各项待遇。

4. 工伤保险

工伤保险,是指劳动者在工作中或在规定的特殊情况下,遭受意外伤害或患职业病导致暂时或永久丧失劳动能力以及死亡时,劳动者或其遗属从国家和社会获得物质帮助的一种社会保险制度。工伤保险的认定:劳动者因工负伤或职业病暂时或永久失去劳动能力以及死亡时,工伤不管什么原因,责任在个人或在企业,都享有社会保险待遇,即补偿不究过失原则。工伤保险是通过社会统筹的办法,集中用人单位缴纳的工伤保险费,建立工伤保险基金,对劳动者在生产经营活动中遭受意外伤害或职业病,并由此造成死亡、暂时或永久丧失劳动能力时,给予劳动者及其实用性法定的医疗救治以及必要的经济补偿的一种社会保障制度。这种补偿既包括医疗、康复所需费用,也包括保障基本生活的费用。具有以下特点:

①工伤保险对象的范围是在生产劳动过程中的劳动者。由于职业危害无所不在,无时不在,任何人都不能完全避免职业伤害,因此工伤保险作为抗御职业危害的保险制度适用于所有职工,任何职工发生工伤事故或遭受职业疾病,都应毫无例外地获得工伤保险待遇。

②工伤保险的责任具有赔偿性。也就是说针对的是劳动者的生命健康权、生存权和劳动权受到影响、损害甚至被剥夺了,因此工伤保险是基于对工伤职工的赔偿责任而设立的一种社会保险制度,其他社会保险是基于对职工生活困难的帮助和补偿责任而设立的。统一专属工伤保险方案与社保完全对接,补充了一次性伤残就业补助金的赔偿。

③工伤保险实行无过错责任原则。无论工伤事故的责任归于用人单位还是职工个人或第三者,用人单位均应承担保险责任。

④工伤保险不同于养老保险等险种,劳动者不缴纳保险费,全部费用由用人单位负担。即工伤保险的投保人为用人单位。

⑤工伤保险待遇相对优厚,标准较高,但因工伤事故的不同而有所差别。

⑥工伤保险作为社会保障,其保障内容比商业意外保险要丰富。除了在工作时的意外伤害,也包括职业病的报销、急性病猝死保险金、丧葬补助(工伤身故)。

5.生育保险

生育保险是通过国家立法规定,在劳动者因生育子女而导致劳动力暂时中断时,由国家和社会及时给予物质帮助的一项社会保险制度。我国生育保险待遇主要包括两项。一是生育津贴,二是生育医疗待遇。其宗旨在于通过向职业妇女提供生育津贴、医疗服务和产假,帮助她们恢复劳动能力,重返工作岗位。凡是与用人单位建立了劳动关系的职工,包括男职工,都应当参加生育保险。用人单位按照国家规定缴纳生育保险费,职工不缴纳生育保险费。

《社会保险法》第五十三条规定:"职工应当参加生育保险,由用人单位按照国家规定缴纳生育保险费,职工不缴纳生育保险费。"《社会保险法》第五十四条规定:"用人单位已经缴纳生育保险费的,其职工享受生育保险待遇;职工未就业配偶按照国家规定享受生育医疗费用待遇。所需资金从生育保险基金中支付。"上述规定说明我国生育保险的范围覆盖了所有用人单位及其职工,并且扩大到了用人单位职工的未就业配偶。但是,我国各个地区的生育保险覆盖范围也是有所区别的,具体覆盖范围以当地人力资源和社会保障局公布信息为准。

生育险特点如下:

①享受生育保险的对象主要是女职工,因而待遇享受人群相对比较窄。随着社会进步和经济发展,有一些地区允许在女职工生育后,给予配偶一定假期以照顾妻子,并发给假期工资;还有一些地区为男职工的配偶提供经济补助。

②待遇享受条件各国不一致。有些国家对享受者有参保记录、工作年限、本国公民身份等方面的要求。我国生育保险要求享受对象必须是合法婚姻者,即必须符合法定结婚年龄、按婚姻法规定办理了合法手续,并符合国家计划生育政策等。

③无论女职工妊娠结果如何,均可以按照规定得到补偿。也就是说无论胎儿存活与否,产妇均可享受有关待遇,并包括流产、引产以及胎儿和产妇发生意外等情况,都能享受生育保险待遇。

④生育期间的医疗服务以保健、咨询、检查为主,与医疗保险提供的医疗服务以治疗为主有所不同。生育期间的医疗服务侧重于指导孕妇处理好工作与休养、保健与锻炼的关系,使她们能够顺利地度过生育期。产前检查以及分娩时的接生和助

产,则是通过医疗手段帮助产妇顺利生产。分娩属于自然现象,正常情况下不需要特殊治疗。

⑤产假有固定要求。产假要根据生育期安排,分产前和产后。产前假期不能提前或推迟使用。产假也必须在生育期间享受,不能积攒到其他时间享用。各国规定的产假期限不同。我国规定的正常产假为 90 天,其中产前假期为 15 天,产后假期为 75 天。

⑥生育保险待遇有一定的福利色彩。生育期间的经济补偿高于养老、医疗等保险。生育保险提供的生育津贴,一般为生育女职工的原工资水平,也高于其他保险项目。另外,在我国,职工个人不缴纳生育保险费,而是由参保单位按照其工资总额的一定比例而缴纳。

【案例分析】

江某应聘一家外资企业的主管被录取,可进入企业后在与单位签订劳动合同时,人事部门主管明确告诉江某:根据公司的常规做法,应由公司为员工缴纳的社会保险费都是以现金的形式随同工资一同发放给员工,公司不再单独为员工缴纳社会保险费。并将该条款在劳动合同中体现出来。

思考:

请问,该公司的做法合法吗?

【拓展探究】

姓名		学号		班级	
1	问题:你在实训或实习前,进行过安全培训吗? 如果进行过,安全培训对你有什么帮助吗?				
	思考作答:				

2	问题:你在实训或实习过程中违反过安全管理规定吗? 如果违反过,请说明你违反规定的原因;如果没违反过,请谈谈你觉得违反安全管理规定会有什么后果。
	思考作答:
3	问题:如果你所在的单位将应为你缴纳的个人社会保险以现金的形式发放给你,从而使你获得更多现金收入,你愿意吗?
	思考作答:
教师评语	

第五章　劳动实践与评价

【学习目标】

(1)理解大学生劳动实践的价值。

(2)了解大学生劳动实践的内容与途径。

(3)掌握大学生劳动教育的考核方法与要点。

第一节　大学生劳动实践

劳动实践是大学生树立劳动观念,培养劳动精神,提升劳动能力,形成劳动习惯的重要途径。自 2018 年 9 月习近平总书记在全国教育大会上发表重要讲话,明确指出要在学生中弘扬劳动精神以来,各大高校陆续展开劳动实践课程的系统设计,广泛开展劳动实践活动,以期达到培养学生劳动精神,提升劳动能力的目的。

材料一:

2020 年 11 月,安徽池州学院组织千余名大学生在学校菊花基地开展菊花采摘活动,采摘贡菊约 3 800 斤,由菊花加工企业负责烘干形成产品产生效益,助力学院定点帮扶对象;"双十一"期间,学院还开展了"公益助农 爱心扶贫 池州学院百人直播助力扶贫村"劳动实践活动,帮助企业推广菊花和百合等产品,总直播次数 189 次,总直播时长 15 484 分钟,直播间总销售额 14 681.4 元。

材料二:

宁波财经学院建设"大学生生活体验中心",为学生提供木工、电工、烹饪、编织、茶艺等实践课程。为响应"创意点亮乡村"倡议,学院组织师生投入到奉化区莲湖镇焦可村美化村庄行动中,与村民一起用乡土材料和"低技化"的建造方式,重塑村庄与众不同的"灵魂"。该项目团队也在"创意点亮乡村"活动中获得"最佳成果奖"。

思考：

（1）你认为劳动实践的意义何在？

（2）你希望参加什么样的劳动实践？

2020年3月，《中共中央　国务院关于全面加强新时代大中小学劳动教育的意见》，明确指出实施劳动教育的重点是在系统的文化知识学习之外，有目的、有计划地组织学生参加日常生活劳动、生产劳动和服务性劳动，让学生动手实践、出力流汗、接受锻炼、磨炼意志，培养学生正确劳动价值观和良好劳动品质。我们可将大学生劳动实践分为日常生活劳动实践、专业生产劳动实践和社会服务劳动实践。

一、日常生活劳动实践

（一）大学生日常生活劳动实践的意义

日常生活劳动是人们在日常生活中为了维持生存和发展而围绕衣食住行，对生活资料进行利用、改造并直接服务于人的劳动。它是人类最基本的一种劳动。早在远古时代，捕鱼狩猎、耕地织布、洗衣做饭都是人们最主要的日常生活劳动。随着社会文明的进步、社会生产力的发展和现代化科学技术的日新月异，人们日常生活劳动的目的和形式也日益丰富、日渐复杂。

日常生活劳动实践是根据大学生学习生活和成长发展的需求，围绕日常生活劳动内容设计安排的劳动实践活动。其对大学生成长、成才具有积极的作用。

1. 锻炼日常生活能力，满足日常生活需求

日常生活劳动能力是人们满足自我生存和生活而从事某种生活劳动所需具备的知识、技术、技巧以及综合运用这些知识、技术、技巧的能力。虽然现代先进的科学技术简化了人们生活劳动的形式，弱化了体力劳动，但是运用现代化高科技产品需要人们具有更广泛的劳动知识、技巧和更强的动手能力。日常生活劳动是劳动中最基础的部分，日常生活劳动实践也是锻炼日常生活能力的最有效的方式。大学生可以通过不断的动手操作，掌握基本的生活劳动知识与日常劳动技巧，强化运用劳动知识和技术的能力，进而满足自身生存与发展的需求。

2. 形成良好的劳动习惯，养成良好的劳动品德

习惯是通过不断重复同一种行为而养成的。良好的劳动习惯也是在日常生活劳动中形成和发展的。日常生活劳动具有常年性、重复性的特点。通过往复多次的日常生活劳动实践，大学生可以从生活劳动中体会、感悟劳动的真谛与价值，养成自主劳动、热爱劳动的良好习惯。

大学生良好品德的养成,不仅仅需要依靠开设思政教育课程及德育课程来实现,更重要的是要让学生将课程中习得的品德知识与现实生活中具体的劳动场景相结合,在真实的日常劳动中渗透崇尚劳动、尊重劳动、辛勤劳动、诚实劳动的良好品行,逐渐形成良好的劳动品德。

【案例分析】

24 岁的张清讲述了自己的亲身经历:"我从小是奶奶带大的。奶奶从不让我动手做家务。每次我想给奶奶帮点忙,奶奶就说:'这里太脏了,去别处玩吧!'上学以后,妈妈更是怕我做家务耽误学习,总是说:'好好学习,其他的不用你操心!'久而久之,我也养成了衣来伸手、饭来张口的习惯,认为没有什么是需要自己做的。上大学住校需要生活自理,可我连洗衣服都不会,妈妈就每周来学校帮我洗一次衣服。直到快要成家了,我才不得不学着做一些家务,可从小没有劳动锻炼的我,做什么都做得乱七八糟。为此,女朋友也跟我分手了。"

思考:

(1)你认为"一屋不扫,何以扫天下"这句话真的有道理吗?

(2)大学生有必要参加日常生活劳动实践吗?

(3)日常生活劳动实践对大学生来说有什么意义呢?

(二)大学生日常生活劳动实践的内容与途径

日常生活劳动能力是大学生所需具备的最基本的能力,是大学生成为德智体美劳全面发展的技术性人才的基础。大学生日常生活劳动实践是学生提高日常生活能力的重要环节。大学生可通过学校、家庭、社会三个途径参加内容丰富、形式多样的日常生活劳动实践。

1.参与学校日常劳动

学校是大学生生活成长的主家园,也是大学生劳动教育的主阵地,更是大学生参与劳动实践的主场所。通过参与校园劳动,能帮助大学生养成良好的卫生习惯与科学的作息习惯,树立主人翁意识,提升个人行动力,体验劳动者的艰辛不易,践行勤劳实干的学习工作作风。大学生可以通过参加学校爱国卫生运动,如宿舍内容整理,教室卫生清理,包干区环境美化等进行卫生保洁、收纳整理等劳动实践;可以通过校园义务维修等社团活动参与家电养护劳动实践;可以通过参加烹饪、农事、日常急救护理等体验活动或实践课程进行日常生活劳动实践。

2. 参与家庭生活劳动

　　首先，日常生活离不开家庭，所以培养日常生活劳动能力更离不开家庭生活劳动实践。其次，大学生的良好的劳动习惯，常常是在家庭日常生活劳动中培养出来的。在当今这个高压的社会环境中，劳动意识的强弱和劳动习惯的好坏已成为一个人能否取得成功的关键因素。作为现代大学生，如不积极加强家庭生活劳动，一旦养成饭来张口、衣来伸手等过度依赖他人的不良习惯，会对自身身心成长、发展和成才产生不良影响。再次，中国这个千年古国是在人民的不断劳动和创造中发展壮大的。作为中华儿女，我们更应该发扬这一优良传统，用自己的双手，积极参与家庭生活劳动，切实提升家庭日常生活劳动素质，通过家庭劳动培养良好的劳动品德，成为有较高劳动能力和劳动素养的劳动者。大学生可以利用寒暑假的时间制订家庭劳动清单，完成美食烹饪、卫生打扫、房间整理、衣物清洗与缝补、家具家电维修、农事劳作等家庭劳动实践。

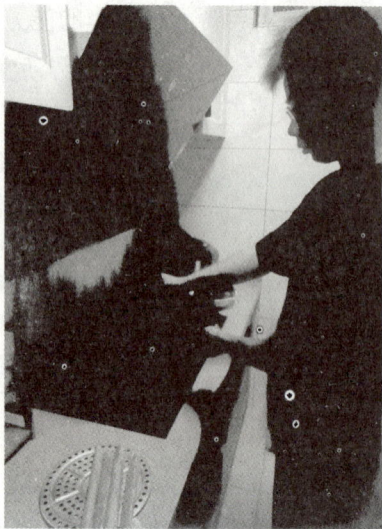

3. 参与社会生活劳动

社会生活劳动也是提高学生日常生活劳动能力的重要途径之一。作为大学生，在掌握科学理论知识的同时，也必须掌握从课堂和书本中无法获取的社会劳动知识，通过参与社会劳动，比如参加一些社会上的义务卖报、义务采摘、社区卫生打扫、植树造林、垃圾分类、设备维修等工作，加深对社会的了解，从而提高劳动技能，增长才干。

二、专业生产劳动实践

(一)大学生专业生产劳动实践的意义

专业生产劳动是指与工作和职业相关或具有一定专业性的，能通过将劳动对象和劳动资料进行加工、重组，从而创造财富或价值的活动和过程，包括物质财富和精神财富的创造。按照劳动的自然形态划分，专业生产劳动可分为物质生产劳动和精神生产劳动。物质生产劳动是指人类为了取得物质资料而进行的对自然界的物质改造的劳动，如农业、工业、交通运输业、建筑业等中的劳动。精神生产劳动是人类为了取得精神生活所需要的精神资料而进行的对自然科学、社会观念等的创造、革新，科学、哲学、政治、法律、道德、宗教和艺术等活动都属于精神生产劳动。物质生产劳动和精神生产劳动二者相辅相成。精神生产的产生和发展始终是以物质生产为前提和基础，而精神生产也会影响物质生产的发展。

专业生产劳动实践是根据大学生专业背景和职业定位，围绕生产性劳动设计安排的劳动实践活动。习近平总书记在全国教育大会上的讲话特别强调，教育要与生产劳动相结合。作为新时代大学生，积极参加专业生产劳动实践将变得必不可少。

1. 内化专业知识，淬炼职业技能

实践出真知。学生在进行生产劳动的过程中，亲自参与生产环节，感受实体劳动，把所学的专业知识运用于生产，应用与理解相互转化，有利于专业知识的内化；

同时,通过学习、动手,不断遇到问题、解决问题,使专业技术得到锻炼,职业技能得到淬炼。

2.端正劳动态度,树立劳动观念

再低廉的产品,都凝结着心血;再平凡的岗位,都有着崇高的职责。大学生通过劳动,打造产品,体验工农业生产创造财富的过程,体会生产产品的不易,体会平凡劳动的伟大。这既有助于学生懂得"干一行,爱一行"的道理,也有助于学生树立劳动不分贵贱,尊重劳动,尊重劳动者,尊重劳动成果的观念,更有利于学生端正劳动态度,形成正确的劳动价值观。

3.培养创新意识,打造创新人才

长期的生产性劳动,不仅有益于大学生培养精进的专业技术,也有益于大学生培养技术革新和技能创新的意识。只有在不断的生产劳动中发现问题,运用新知识、新技术、新工艺、新方法,在劳动中创造性地解决生产过程中的实际问题,才能有效地培养创造型人才。

(二)大学生专业生产劳动实践的内容及途径

大学生进行专业生产劳动实践,将所学理论与生产实践相结合,直接参与生产过程,完成生产任务,这是一种学习式、体验式的生产劳动。大学生可通过实训、实习、职业能力竞赛等途径来实现专业生产劳动实践。

1.参与学校专业实训

专业实训是学校根据人才培养规律和目标,围绕各专业的学习内容,系统开设的实操训练课程,目的在于训练学生对职业技术能力的应用能力。大学生通过专业实训,可以模拟真实的生产环境与生产过程,从而使理论联系实际,提升知识与技术的实际运用能力。

2.参与企业顶岗实习

顶岗实习是人才培养的重要组成部分,是深化课堂教学的重要环节,是大学生了解社会,接触生产实际,获取、掌握生产现场相关知识的重要途径。大学生在专业对口的企业进行顶岗实习,不仅能掌握专业知识和技术,培养实践能力和创新精神,也能较好地帮助自己树立事业心和责任感。

3. 参加职业能力竞赛

职业能力竞赛也是提高学生生产劳动能力的重要途径之一。职业能力竞赛主要包括职业技能竞赛、课外学术作品竞赛、创新创业大赛等竞赛。大学生可通过参加这些竞赛比武,提升职业技能,锻炼实践能力,培养创新思维。

三、社会服务劳动实践

(一)大学生社会服务劳动实践的意义

社会服务劳动是利用知识、技能、工具、设备等,为他人、团体或社会提供服务,以改善个人福祉,促进团体发展、国家和社会公共领域事业发展为目的的活动。社会服务性劳动不直接生产有形的物质产品,不直接创造财富,主要生产使用价值。社会服务劳动按照是否取得报酬可以分为有偿服务劳动和无偿服务劳动。有偿服务劳动是指可以凭借自己拥有的知识、技术、设备等服务他人、企业和社会,并获取相应回报,满足自己生存与发展需要的劳动。有偿服务劳动具有明显的利他性和利己性。无偿服务劳动则是以服务他人、奉献社会为目的,具有明显的公益性的劳动。

社会服务劳动实践是根据大学生的特长、专业安排设计的服务于他人或组织的劳动实践活动。大学生积极参加各种社会服务劳动实践,对于大学生提升劳动能力,树立劳动观念,培养劳动精神是具有积极意义的。

1. 充分发挥优势才干,稳步提升劳动能力

社会服务劳动实践与专业生产劳动实践相同,也是大学生锻炼职业劳动能力的重要途径。大学生服务他人和社会的过程,是运用自己的专业、特长的过程,也是将

所学专业知识内化,把所掌握的专业技能进行实际运用的过程。在社会服务性劳动实践中检验所掌握的专业、技能,精益求精,有助于大学生提升职业劳动能力,成为专业精、技术高、能力强的新时代技术应用型人才。

2. 积极服务他人及社会,树立正确的劳动观念

大学阶段是学生劳动观念养成的关键时期。通过参加义务劳动、志愿服务,在实践中体会服务奉献的价值与意义,培养积极到艰苦地区和行业工作的择业观念,理解"空谈误国,实干兴邦"的道理,培养踏实肯干的劳动态度,有助于大学生养成"劳动最美丽,劳动最光荣,劳动最伟大,劳动最崇高"的劳动观念,使之成为有理想、有信念、有态度、有格局的新时代社会主义接班人。

3. 锻炼奋斗担当的意志品质,培养甘于奉献的劳动精神

大学生在社会服务劳动中锻炼,在服务他人、奉献社会的过程中体会实现个人价值的快乐和自豪,有助于培养大学生的公共服务意识、社会责任感和使命感;在服务劳动的过程中体会面对困难迎难而上、主动作为、成功解困的个人成就感,有利于培养学生不畏艰难、勇于奋斗、乐于奉献,敢于担当的高尚品格,成为爱奋斗、乐奉献、有担当的时代新人。

(二)大学生社会服务劳动实践的内容与途径

大学生利用特长专业,积极参加社会服务性劳动,不仅能锤炼个人劳动能力,还能更好地实现个人价值。大学生社会服务劳动实践的内容和途径多种多样,主要包括以下几项。

1. 参与学校服务劳动

大学生既是学校的服务对象,同时也是学校的主人翁。作为主人翁,大学生有义务为在校师生和学校的校园建设提供服务。

大学生可通过参加校环境美化、校园文明纠察、校园绿化带维护、校园植树护林、校园安全巡逻、校园安全隐患排查、校园安全科普宣传等校园内的公益劳动和志愿服务，开展校园服务劳动，锻炼基本的服务能力，培养"学校是我家"的责任意识。

2. 参与社区服务劳动

社区作为城市、乡镇发展的基本生存单元，承担了大量社会保障、社会福利功能和社会服务。大学生参加社区服务，一方面可以推动社区健康、文明发展；另一方面可以在提升个人价值和成就感的同时，提升个人社会责任感，培养乐于奉献、勇于担当的精神与品质。大学生可以通过学校组织的志愿服务、社会实践等活动参与社区服务。例如大学生可以通过"三下乡"社会实践活动，深入农村，以留守儿童、孤残儿童为服务对象，开展文化、艺术、体育以及其他前沿知识的义务支教活动；以孤寡老人、生活困难的离退休人员和下岗职工为服务对象，开展扶贫帮困、生活家政、娱乐陪伴、文化传播等服务。

同时，大学生也可以自己联系自身家庭所在社区开展陪伴空巢老人、便民服务、宣传动员、文化教育等社区服务。例如通过发传单、开宣讲会、点对点讲解、制作宣传短片、设计海报标语等方式向广大群众宣传普及利国利民的科学知识、政策方针、文化精神等，如普及疫情防控科学知识，宣传文明城市创建知识与倡议，传播社会主义核心价值观等；通过开展艺术课堂、主题墙绘、主题画展、红色电影展、文艺汇演等方式，弘扬社会主义核心价值观，传播中华民族优秀传统文化，丰富社区居民的精神文化生活。

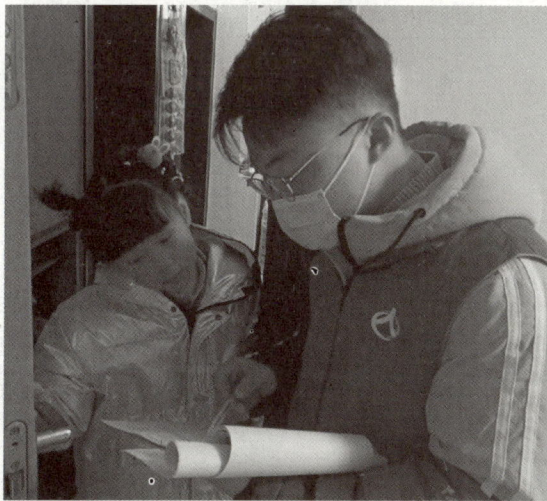

3. 参与社会其他团体服务劳动

大学生作为社会群体的重要组成部分，可根据自身专业特长，利用学校所学理论知识和专业技术,通过学校组织的志愿服务或社会实践给企业等社会其他团体提供专业服务,从而进一步内化专业知识,提升职业能力,并以此建立与社会的联系,深入了解就业市场,提升对社会与劳动的认识,树立正确的劳动与择业观念,提前做好职业规划。例如,大学生可通过参与地铁执勤给地铁企业提供客运服务;铁路院校学生可利用寒暑假时间参加火车站的春暑运,以学校所学的客运知识为火车站和乘客提供服务;电商专业学生可利用电商知识和技术,为贫困地区的农副产品制作销售方案或为扶贫对象提供销售服务等。

【拓展探究】

姓名		学号		班级	
1	问题:你参加过校内或校外的劳动实践吗?你觉得劳动实践对你有哪些帮助? 思考作答:				
2	问题:对于日常生活劳动、专业生产劳动和社会服务劳动这三类劳动,你更愿意参加哪种类型的劳动?为什么? 思考作答:				

3	问题:你会主动在家里劳动吗? 你的父母支持你在家劳动吗? 如果父母反对你做家务劳动,你会坚持吗? 为什么?
	思考作答:
教师评语	

第二节　大学生劳动教育评价

高校承担着向国家建设输送全面发展人才的重要任务,劳动教育作为德智体美劳全面发展教育目标的五分之一,应该明确劳育定位,发挥以劳育人的功能。高校劳动教育评价,是实施劳动教育的重要环节。

材料一:

2020 年 3 月,《中共中央　国务院关于全面加强新时代大中小学劳动教育的意见》指出"将劳动素养纳入学生综合素质评价体系,制定评价标准,建立激励机制,组织开展劳动技能和劳动成果展示、劳动竞赛等活动,全面客观记录课内外劳动过程和结果,加强实际劳动技能和价值体认情况的考核。建立公示、审核制度,确保记录真实可靠。把劳动素养评价结果作为衡量学生全面发展情况的重要内容,作为评优评先的重要参考和毕业依据,作为高一级学校录取的重要参考或依据"。

材料二:

2020 年 7 月,教育部印发的《大中小学劳动教育指导纲要(试行)》指出"以劳动教育目标、内容要求为依据,将过程性评价和结果性评价结合起来,健全和完善学生劳动素养评价标准、程序和方法,鼓励、支持各地利用大数据、云平台、物联网等现代信息技术手段,开展劳动教育过程监测与纪实评价,发挥评价的育人导向和反馈改进功能"。

一、大学生劳动教育评价的概念

大学生劳动教育评价是指大学生经过劳动课程和活动的教育后对其劳动素养进行评价的过程。大学生劳动教育评价包括劳动教育理论课程评价与劳动实践评价两部分。劳动教育理论课程评价,主要是对学生掌握劳动思想理论知识,认知马克思主义劳动价值观,理解劳动精神、劳模精神、工匠精神基本内涵等情况进行考核。劳动实践评价是对学生参与日常生活劳动、专业生产劳动和社会服务劳动课程和活动的情况以及通过劳动实践提升劳动素养的情况进行考核。大学生劳动教育评价考核形式应该有两种。理论课程部分为认知考试,劳动实践部分为能力考核。主要是对大学生在劳动教育过程中的积极参与度、行为表现和劳动效果等进行客观评价,评价方式可借助阶段考核、操作展示、成果展示、劳动技能竞赛、日常观察、作品评定、问卷调查、走访访谈等多种方式。劳动教育理论课程评价与劳动实践评价结果最终都将通过学生劳动素养评价来呈现。

二、大学生劳动教育评价的意义

大学生劳动教育评价是新时代高校劳动教育实施的重要环节。对引导劳动教育的实施走向、促进劳动教育的目标实现、辨析劳动教育实施的经验和问题、保障劳动教育的实际效能、激励劳动教育的实践创造等具有极为重要的意义。高校劳动教育评价的过程不是为了奖励或惩罚,而是一个反思、提高,促进不断学习进步的过程。大学生劳动教育评价的意义在于引导、激励、发展和提升。

第一,劳动教育评价具有育人导向功能。劳动教育评价内容和劳动素养评价指标能够在一定程度上指引大学生的发展方向,对大学生树立新时代的正确劳动价值观念具有深层次的引导和促进作用。

第二,劳动教育评价具有一定的激励作用。教师正面、肯定的劳动考核评价,能够激发学的劳动热情;学生劳动成果的展示,也是对学生劳动能力和创新能力的最好反馈、激励与鞭策。

第三,劳动教育评价具有一定的诊断功能。学生通过客观综合的劳动教育评价,可以发现自身发展的不足,从而有针对性地加强锻炼与学习,进而实现个体的自我提升和全面发展。

成功欲

牵引力
愿景激励

驱动力
机制激励

推动力
过程激励

三维激励体系

惰性

三、大学生劳动教育评价的主体

不同评价主体的视角差异，会直接影响评价结果是否真实、全面，影响评价结果是否客观。而要保证有相对客观准确的评价结果，应将相关的评价主体都考虑在内。从高等院校劳动教育评价的实施情况来看，大学生劳动教育评价主体应该包括学校、教师、学生本人、劳动同伴、家长、企业和社会服务对象等校内外多个评价主体。

（一）学校

作为劳动教育的组织实施者，学校要制订出台评价管理的制度、文件，规范学生工作处、团委、二级学院等各部门对劳动教育的评价；规范学生劳动教育评价标准；引导家长与接受劳动服务的单位积极参与评价；引导学生与学生之间进行客观、真实、公正的评价。

（二）教师

教师作为劳动教育的主体，也将当仁不让地成为学生劳动教育评价的主体。教师是劳动理论知识学习和实践过程中的组织引导者，要承担学生劳动教育主要评价责任。教师评价应注重学生情感的触动，以激励为主，同时应用评价促进学生反思，帮助学生发现自己的优点与不足，发挥诊断调节作用。

（三）学生本人

青年学生的心智已经逐渐成熟，自身对知识学习、技能锻炼、社会体验等方面的认知评价能力不断提升。因此，学生本人不能被忽视或者排除在劳动教育评价体系之外，而是要充分调动他们在劳动教育评价过程中的主观能动性，使他们对自身劳动理论知识的学习情况、劳动实践的参与情况、劳动素养的提升情况有清晰、全面的认知和判断，积极引导他们从自身的专业劳动体验、获得感来深入思考自己所学专业、精神品质等方面的不足与发展空间。

（四）劳动同伴

劳动同伴是学生劳动的共同参与者、监督者。在共同劳动的过程中，学生可以清晰地观察到同伴的劳动态度、劳动热情、劳动参与度和劳动成效,这是给予客观评价的重要前提。同时,同伴互评也是相互学习、相互监督的一种方式,有助于提升学生的劳动质量和劳动素养。因此,劳动同伴应成为劳动评价主体不可缺少的组成部分。

(五)家长

家庭劳动是大学生劳动教育不可或缺的教育坏节。家庭劳动评价除了采用学生自评的方式进行,还可激励家长参与教育评价,让家长成为大学生家庭劳动教育的督促者。家长通过记录学生的劳动过程,对学生的劳动态度、劳动能力和劳动成果进行描述,承担起家庭劳动的评价责任。

(六)企业和社会服务对象

随着各类专业实践、实习与社会实践活动成为高等教育的重要组成部分,社会机构发挥的育人功能也在逐渐凸显。学生劳动教育评价需要建立学校—社会内外结合的综合评价模式,需要企业和各类社会服务对象积极发挥育人评价的重要作用,切实承担起对劳动教育的评价责任。企业和各类社会服务对象应根据人才培养目标和相关领域内的知识技能等素养需求来展开劳动教育效果的评价,实现学校育人与社会用人的有机结合和有效联动。

【互动探索】

讨论:如果你与寝室同学互为对方的劳动评价者,你会认真、公正地给予他评价并指出他在劳动过程中存在的问题和不足吗? 会为了让自己获得高分,而给对方一个高分吗? 为什么?

四、大学生劳动教育评价的常见问题

(一)关注结果而忽略过程

劳动总是有一定的成果的,因其"可视"而直观。实践中,许多学校习惯直接根据劳动成果来评价学生的劳动教育成效,这导致劳动教育评价过于关注结果而忽视了劳动的过程。例如,在评价学生"生活整理"劳动时,许多教师往往依据学生整理抽屉和书包的结果做出评判——整理得又快又整齐的学生会得到"优秀",整理得不够整齐的则得到较差的评价。简单地以结果来评价,并不能准确地考查学生在劳动教育中的收获与成长。如此评价忽视了学生在劳动过程中的学习效果,不能全面体

现学生参与劳动的效果,更难以激发学生的劳动热情。

(二)关注技能而非素养

传统的劳动教育将劳动技能作为重要目标。因此,人们习惯将习得劳动技能作为评价依据,而很少关注学习过程中学生劳动价值观的形成和劳动素养的提升。例如,在开展"农耕"课程学习评价时,着重考核学生是否学会种植某一种蔬菜,是否了解种植的技术等,而忽略学生在参与种植过程中是否对蔬菜有研究、对种植有探究、对自然规律有发现等。然而,实际上在劳动教育评价过程中,劳动技能并不能等同于劳动素养。学生是否形成正确的劳动价值观,是否提升劳动综合素养及是否在劳动中形成健全人格与良好的道德品质,才是新时代劳动教育的价值追求,才更应该成为评价的重点。

(三)关注形式而忽视体验

当前,新时代劳动教育日益受到学校的重视,并在区域进行推广落实。然而,在实践中,由于学科教学的压力,导致劳动教育走过场的现象屡见不鲜。劳动教育常常出现"点到为止"的现象,学生仅是浅层地参与而缺乏深层的体验。以农场活动为例,学生被组织到菜地拔萝卜,或是到果园摘水果,学生轻松劳动,尝尝水果,以各种姿势摆拍表达采摘的乐趣。这样的劳动教育常常以"拍照留念"作为评价,只关注劳动任务的完成,而忽视了学生的劳动体验和素养提升。养成良好的劳动习惯,提升劳动素养是一个长期的过程,需要教师、家长的参与、鼓励和引导,并给予引导性评价等,以此进一步加强和改进学校劳动教育工作。

五、大学生劳动教育评价的原则和方式

(一)坚持科学性和目标性相结合的原则进行多维度评价

大学生劳动教育评价应根据人才培养及劳动教育目标和学生成长规律,科学地设计评价指标,多维度、多方向地进行客观、全面的评价。

1. 坚持科学性评价

大学生劳动教育的评价是复杂立体的过程,其中许多评价内容的内隐性强,评价难度大,这就对评价指标体系的科学性提出了要求,需要真正把握劳动教育的科学内涵,运用科学的思维和方法指导评价指标体系的构建。同时,大学生劳动教育评价指标体系的构建需要遵循教育教学的一般规律和学生成长的内在规律,需要按照科学规划、实施、评价、修订、动态调整的思路扎实推进。

2. 坚持目标性评价

大学生劳动教育评价应以预定的培养目标为基准,服务于人才成长的内在需求和社会发展的外在需求,同时在实施过程中要通过细化、量化方式进一步分类设置具体详细目标。评价指标的目标越明确,对于引导学校开展劳动教育的指引性就越强,同时,评价的操作性也会更强。

(二)坚持定性与定量相结合的原则进行多类型评价

大学生劳动教育评价是一项综合性、实践性和情境性很强的工作。单一的评价方法、评价思维、评价形态必然会导致"畸形"评价和"片面"评价。大学生劳动教育评价要坚持定性与定量相结合,一方面,可以将大学生劳动素养各要素的特质和价值等进行全面充分的提示和描述,以彰显其中的意义,促进理解;另一方面,可以将大学生劳动素养中那些能够直接量化的,并且确实存在量化途径的各种指标进行量化评价,克服定性评价中主观随意、缺乏标准和依据的缺陷。

1. 坚持定性评价

在新时代大学生劳动教育评价中,可采用苏格拉底式研讨评定法、档案袋评价、表现性评价、真实性评价等方式,不仅要关注劳动任务的完成情况,还要关注学生在劳动教育过程中基于体验的特性,推动学生去经历、去感知、去省思,从而唤醒其内心的存在感、获得感和幸福感。也就是说,要在劳动教育评价过程中,更多地关注学生个体在劳动过程中的体验,而不仅仅是以劳动任务的达成情况分高低。劳动教育评价不仅要考查学生的常规基本劳动素养,还要考查学生创新劳动的技术水平、成功程度与行业影响力。同时,学生参加重大社会活动、公益劳动和志愿者服务的社会贡献度,以及参加各级各类技能大赛的突破性等,都可参照技术含量纳入学生劳动素养评价体系。

2. 坚持定量评价

学校要通过劳动实用手册等形式,构建学生劳动素养达成目标档案。至于劳动教育实用手册的具体操作方式,可以根据学生不同发展阶段的特点有所侧重。例如,在第一学年主要侧重记录学生基本生活能力、体会劳动意义的生活教育劳动素养达成情况;在第二学年主要侧重记录与专业结合、体会劳动精神的生存教育劳动素养达成情况;第三学年主要侧重记录与职业岗位相关联的生计教育劳动素养达成情况等。劳动教育实用手册要忠实记录学生的劳动态度、劳动技能、劳动任务完成情况等内容,对学生劳动出勤、组织纪律、用具保护、互助精神、熟练程度和劳动效果等进行客观评价,并根据学生的综合表现给出相应的等级评价。

(三)坚持过程性与阶段性相结合的原则进行多节点评价

大学生劳动教育评价要坚持过程性与阶段性相结合,目的是通过不同节点、不同阶段的评价及时发现学生在劳动教育开展过程中劳动素养的提升情况和可能存在的问题。

1.坚持过程性评价

静态的、量化的、客观化的评价往往不能反映劳动过程的全貌,而且无法起到完整有效的激励作用。因此,加强过程性评价,将参与劳动教育课程学习和实践情况纳入学生劳动教育档案是非常有必要的。过程性评价拓宽了劳动教育评价的领域,它并非只注重过程而不注重结果,而是对劳动过程中的劳动动机、劳动实施和劳动成果三位一体的评价。换言之,过程性评价不仅关注劳动成果,还关注劳动认知、劳动技能、劳动意志、劳动态度、劳动习惯和劳动价值观等过程性的表现性要素。

开展劳动过程性评价要充分利用互联网、大数据、云计算等现代信息技术手段,如新劳动评价系统就是充分利用信息技术手段开展劳动教育过程性评价的有益探索。这一系统采用平板、手机、个人计算机、机器人等工具对学生在家庭、学校、社区(基地)等场所的劳动开展情况进行全面、客观、真实的记录,同时通过问卷访谈、测评等方式对学生劳动观念、劳动能力、劳动习惯、劳动精神等劳动素养进行科学评价,并动态生成劳动质量监测报告。对学生的劳动过程开展监测与纪实评价,有利于发挥评价的激励和导向功能。

2.坚持阶段性评价

阶段性评价是根据劳动教育的目标,对劳动教育的达成度进行恰当的评价,是对劳动教育的效果的价值评断。当然,采用阶段性评价对劳动素养进行监测并不意味着以标准化测试的形式来衡量学生劳动素养的发展状况,而是坚持定性评价与定量评价相结合,以定性评价为基础,以定量评价为补充,全面客观地反映劳动教育实效;坚持自我评价和他人评价相结合,吸纳学生自身、教师、劳动同伴、家长和社会服务对象等主体参与评价,以客观系统全面地反映学生劳动素养发展状况。以培养德智体美劳全面发展的社会主义建设者和接班人为根本宗旨,以教育部颁布的《大中小学劳动教育指导纲要(试行)》的教育目标为主要评价依据,结合必修课学习和课外劳动实践情况,阶段性地对劳动观念、劳动能力、劳动习惯等劳动素养发展状况进行综合评定。

【互动探索】

列举你认为劳动教育评价中,应该选取学生的哪些劳动素养进行评价,应如何进行评价,并说明原因。

六、大学生劳动素养评价指标体系

新时代大学生劳动教育评价的关键是建立以劳动素养评价为核心的指标体系。

（一）大学生劳动素养评价指标体系构建的依据

新中国成立以来,我国的劳动教育呈现出历史变化大的特点:"新中国成立 70（多）年的教育方针政策中,劳动教育的演变大致经历了初塑时期、政治化时期、现代化初建时期、转型发展时期、整合发展时期、新时代发展时期,每个时期都有其鲜明的时代特征。"与之相对应的劳动教育内涵也发生了较大变化,新时代劳动教育的内涵更加丰富,实施路径更加科学,体系更加完整。构建新时代高校劳动素养评价指标体系,不能缺乏理论与政策两方面依据。

1. 大学生劳动素养评价指标构建的理论依据

首先,新时代的劳动形式发生了变化。劳动形式变得更加多样、复杂和隐性。劳动由马克思所处工业化时代的"制造性劳动"渐渐向非生产性、服务性劳动和非物质性劳动转化。

其次,新时代的劳动教育内涵发生了变化。一方面,劳动教育作为一种教育内容,旨在培养学生的劳动知识和技能,具有一定智育性质,这种外向性目标指向的是生产劳动本身;另一方面,劳动教育是以劳动形式为手段开展教育,这种内向性目标指向人精神层面的提升和完善。劳动教育不只是简单的体力锻炼,更是对正确劳动价值观的积极引导。因此,新时代劳动教育的主要任务应当包括劳动知识技能的教育、劳动价值观的培育、劳动习惯的养成三个方面。

最后,新时代的劳动素养构成要素发生了变化。新时代,由于对劳动本身有了新的理解,进而引发劳动教育的目标、功能等发生了变化,劳动素养的构成要素也必然有所变化。劳动素养包括劳动价值观、劳动知识技能以及劳动习惯等方面。

2. 大学生劳动素养评价指标体系构建的政策依据

2018 年全国教育大会明确了新时代劳动教育必须坚持中国特色社会主义教育发展道路的原则,并要求把培养德智体美劳全面发展的社会主义建设者和接班人作为首要目标,在日常教学管理中弘扬劳动精神,利用多种渠道、方法引导学生崇尚劳动、尊重劳动,树立正确的劳动观。2015 年 12 月,新修改的《中华人民共和国教育法》明确提出教育"必须与生产劳动与社会实践相结合"。2017 年颁布的《关于深化教育体制机制改革的意见》也强调要引导学生践行知行合一,规定了劳动教育应更加注重理论与实践结合、育德与育心相结合。在高校全面落实劳动教育对于贯彻党的教育方针要求,提升学生综合素质,培育学生社会主义核心价值观都具有重要的现实意义。《中共中央 国务院关于全面加强新时代大中小学劳动教育的意见》(2020 年 3 月 20 日)明确了劳动教育总体目标是:"通过劳动教育,使学生能够理解和形成马克思主义劳动观,牢固树立劳动最光荣、劳动最崇高、劳动最伟大、劳动最美丽的观念;体会劳动创造美好生活,体认劳动不分贵贱,热爱劳动,尊重普通劳动者,培养勤俭、奋斗、创新、奉献的劳动精神;具备满足生存发展需要的基本劳动能力,形成良好劳动习惯。"

(二)大学生劳动素养评价指标体系

根据劳动素养的基本要素,大学生劳动素养评价可由劳动次数、劳动质量、劳动认知、劳动态度、劳动情感、劳动知识、劳动技能、劳动习惯八个指标共同组成,其具体权重可根据新时代大学生的特点与劳动教育目标的实现情况进行动态调整。

大学生劳动素养评价指标体系

指标	评价要点
劳动次数	一学期完成各类劳动多少次,是否达到或超过规定次数
劳动质量	劳动作品或成果的质量如何,是否达到或优于标准质量
劳动认知	①是否充分理解劳动的本质与价值 ②是否具有"劳动最光荣、劳动最崇高、劳动最伟大、劳动最美丽"的劳动观念 ③是否认识到劳动是社会得以发展、个人得以成才的重要基础 ④是否明确劳动是提升公民品格素养和社会责任感的重要途径
劳动态度	①是否崇尚劳动、尊重劳动 ②在劳动过程中是否认真积极,参与程度如何 ③是否具有吃苦耐劳、诚实严谨、敢于担当的劳动习惯,不怕苦累,不偷工减料,不虚报瞒报,不回避推诿 ④是否尊重劳动者、爱惜劳动成果、节约劳动资料
劳动情感	①是否热爱劳动 ②是否能从劳动中获得快乐和成就感

续表

指标	评价要点
劳动知识	是否掌握所从事劳动的相关理论和技术知识
劳动技能	①是否掌握所从事劳动技术与方法,并具有运用技术和方法的能力 ②在劳动中是否具有动手能力和发现问题、解决问题的能力 ③是否具有勇于创新、善于变革的创新精神和创造性地发现并解决劳动问题的创新能力
劳动习惯	①是否具有主动劳动的意识 ②是否能够坚持不懈,保持长期的劳动习惯

七、大学生劳动教育评价结果的运用

（一）将劳动教育评价结果与素质教育评价结果有机融合

劳动教育是德智体美劳全面培养教育体系的重要组成部分,将劳动素养评价结果纳入学生素质教育评价结果中,能够充分发挥劳动教育的激励和导向功能。通过学生综合素质测评结果将劳动教育与学生评奖评优挂钩,促进学生增强劳动意识,更加注重自身劳动素质的培养。

（二）在劳动教育评价结果的基础上建立独立表彰机制

与德智体美相比,劳动教育作为五育并举的重要指标之一,尚未建立起有效的表彰或惩戒机制。学生的思想状态、学习成绩、体格检测、文体评比等都有相对独立的考评办法和表彰机制,但对"劳育"而言,探索劳动教育评价体系的目标之一,就是要在形成劳动素养评价的定量或定性结果基础上,对劳动素养优秀的学生予以表彰,对相对落后的学生予以督促,通过正面奖励和反向引导的方式,强化劳动教育的具体实施。因此,要在劳动素养评价结果认定的基础上,建立"劳育"表彰的物质性或荣誉性奖励机制,设立"劳动之星""优秀公益劳动者""优秀青年志愿者"等项目,并辅以适当的物质奖励;还可通过举办劳动技能大赛、劳动成果展示、劳动表彰大会等活动,扩大劳动教育教学成果,巩固劳动教育的长期效应。

（三）运用劳动教育评价结果检验学生个人成长和劳动教育成效

学生劳动教育评价结果能够客观反映学生的成长过程,体现出学生劳动能力、劳动态度的发展变化,这对学生发现自身问题以及对其未来求职升学、择业就业、创新创业等方面都是有益的参考。学生个体的劳动素养评价结果是检验学生个人成长的重要记录,以建立劳动教育评价表等方式综合反映学生的基本劳动素质,为开

展就业推荐、择业指导等提供背景材料和基础信息。另外,对学生劳动素养评价做群体性的长期记录分析,是检验和考查劳动教育成果、效率的重要方面。学校可通过网络化、系统化、平台化的方式采集学生劳动素养评价信息,形成劳动教育评价结果的长期记录,推动劳动教育在高校落实、落地。

【拓展探究】

姓名		学号		班级	
1	问题:你认为劳动教育应该以激励型评价为主,还是以批判型评价为主? 思考作答:				
2	问题:你认为如何开展劳动教育评价才能起到引导性作用? 思考作答:				
3	问题:如果你给你的同伴进行劳动评价,你会客观地评价他吗? 为什么? 思考作答:				
教师评语					

下篇
实践篇

第六章 日常生活劳动

第一节 爱国卫生运动

爱国卫生运动是指发挥国家、集体、个人的协调作用,运用群众路线方针,组织社会力量,进行除害灭病,革除陋习,增强社会卫生意识,改造自然,改善环境,消除危害健康因素,提高全民生活质量、卫生素质及健康水平的活动;是一项群众性、科学性、社会性、广泛性、经常性很强的公共卫生活动;是我国卫生工作的伟大创举,反映了中国卫生工作的鲜明特色。开展爱国卫生运动能充分体现人民的利益和需要,它既是精神文明建设的重要内容,又是物质文明建设的必要条件,具有移风易俗,改造国家的伟大意义。新冠肺炎疫情发生以来,习近平总书记在多次重要讲话中强调,要大力开展爱国卫生运动。为贯彻落实习近平总书记关于深入开展新时代爱国卫生运动的重要讲话精神,2020 年 6 月教育部发布《教育部关于深入开展新时代校园爱国卫生运动的通知》,要求学校深入开展新时代校园爱国卫生运动,弘扬爱国卫生运动精神,改善校园环境卫生,提升学生健康素养。

一、校园爱国卫生运动的目的与意义

(一)改善校园环境卫生

通过开展校园环境卫生大扫除,彻底清除积存杂物、废弃物,清扫卫生死角,保持校园整体环境干净、整洁,从而创造舒适、卫生的学习生活环境。

(二)提升自身健康素养

通过劳动,养成良好的个人卫生习惯和自主劳动的习惯,形成文明健康绿色环保生活方式,培养学生健全的人格和良好的劳动品格。

(三)弘扬爱国卫生运动精神

大力弘扬爱国是核心,卫生是根本,运动是方式的爱国卫生运动内涵,开展新时代校园爱国卫生运动,其深远意义在于弘扬新时代抗疫精神、爱国主义精神和集体主义精神,培养爱国之情、砥砺强国之志、实践报国之行。

二、校园爱国卫生运动的项目与内容

(一)宿舍卫生与内务整理

1. 劳动任务

①打扫宿舍卫生；

②整理书桌；

③整理床铺；

④整理衣柜；

⑤整理其他生活用品；

⑥分类处理垃圾。

2. 使用工具

抹布、扫帚、撮箕、拖把、垃圾桶、马桶刷、洁厕剂、洗衣粉。

3. 基本要求

宿舍内务总体要求是达到"六净""五无""三整齐"。即：地面净，玻璃净，桌椅净，墙壁净，被品净，洗漱用品净；无垃圾，无宠物，无异味，无杂物，无违禁用品；室内物品摆放整齐，被褥衣服叠放整齐，床下物品存放整齐。

4. 基本方法

(1)打扫宿舍卫生

宿舍卫生打扫应由左向右，由上向下依次进行。首先，用扫帚由左至右、由上至下，清理墙面蜘蛛网、灰尘等；其次，用抹布由左至右、由上至下擦拭玻璃、门、窗台、桌椅、洗漱台等；再次，用马桶刷和洁厕剂清理马桶或便池，最后清扫地面灰尘，并用拖把和洗衣粉拖净地面。地面最好能够拖洗2~3遍，第1遍用放有少量洗衣粉的水拖洗，第2~3遍用清水拖洗。

（2）整理书桌

书桌主要用于存放书籍、文件、文具、计算机、化妆品等各类学习生活用品。干净整洁的书桌不仅能够让使用者心情舒畅，而且能够提高使用者的工作效率。

首先，可以分种类整理物品，给不同种类的物品设置不同的摆放区域。比如可以准备一个收纳盒放置于书桌桌面，用于收纳化妆品、耳钉、头绳等；将书籍、文件、杂志、笔记本分类别放在书架上，没有书架的可以购置多个可伸缩书立架予以分类收纳；可以将文具全部摆放在抽屉里；可以将台灯、电脑等电子设备摆放在桌面。每个人都可以根据自己的习惯设置摆放区域。

其次，可以根据物品使用频繁程度进行分类，常用的物品放在中间或右手边更易取放的位置，不常用的物品放在更高、更低或两侧相对不易取放的位置。

最后，同类物品可以根据物品的大小、高矮、颜色等排序摆放。比如书本可以按照从大到小顺序立式摆放，化妆品可以按照从高到矮的顺序放置于收纳盒中，耳钉、项链等可以按照颜色或款式来摆放。在确定排放顺序时，一定要看看是否方便存取。

（3）整理床铺

首先是折叠盖被。第一步，盖被是长方形的，用手提起长的一边平放在床上，然后用手把盖被整平，把盖被短的一边平分成三份，从盖被的一边折起1/3放在中间的1/3上，用双手全掌半张开把第一个1/3和第二个1/3分界线的盖被压平，再把剩下的1/3折起，做法同上。第二步，把第一步整理好的盖被长边分为四份，用半张平掌在两头1/4处分别折出一个弧痕（方向朝上），用反平掌的手边压弧痕的两边至固定，然后把弧形到被短边折起，折起后盖被被弧痕撑起，弧痕稍往里凹；用同样的方法在把中间也折起弧痕来；接着用手折起一端放在另外一头上对齐，这样盖被就大体叠好了。第三步，整理外观。在折起的弧痕处用手指勾出四个角，使盖被显得平整方正即可。

其次，整理垫被褥和床单。双手平掌将被褥从左到右，从里到外捋平整，再将床单四边拉整齐即可。

最后,按统一要求把盖被、枕头等放到指定位置,清理床上不该放置的物品并将其放置于应该放置的区域。

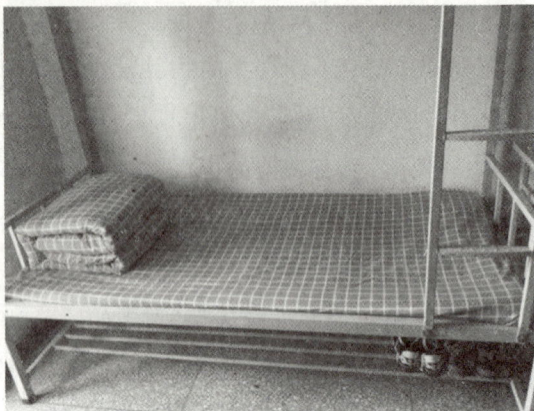

(4)整理衣柜

首先,清理衣物。分拣出要丢掉或是捐赠的衣物,将自己经常穿的、适合自己的、有用的并且有地方放下的衣物保留下来。再分拣出不应季的衣物,放入行李箱。比如如果是夏天,就将冬天的羽绒服、毛衣收捡至行李箱;如果是冬天,就将夏天的短袖、连衣裙收捡至行李箱。

其次,将剩余的衣服按类型、厚薄、长短、颜色、材质分类,并按一定顺序整齐地叠放或挂放进衣柜。

最后,整理零碎衣物。如果衣柜空间足够大,可以购置一些储物盒用于存放袜子、内裤、围巾、帽子等零碎物品。如果衣柜空间较小,可以用收纳袋代替储物盒。

(5)整理其他生活用品

洗漱用品:洗漱用品因潮湿容易滋长细菌,所以应该整齐地放置在通风、有阳光的地方,比如阳台或是通风的洗漱台上,毛巾建议经常用衣架挂在阳台上晒太阳消毒。

鞋子:干净的鞋子可以整齐地放置于床下或其他指定区域,穿过的鞋子可以放在阳台上透气散味。

清洁用品:做好清洁后要把所有的清洁工具及时清理干净,并放置在阳台上晾干,以免滋生细菌。

(6)分类处理垃圾

根据我国垃圾分类有关规定,现主要将生活垃圾分为以下四类:可回收垃圾、厨余垃圾、有害垃圾以及其他垃圾。

可回收垃圾:废弃的纸张、塑料、金属、纺织物、电器电子产品、玻璃等可再利用的物质。

厨余垃圾:废弃的剩菜、剩饭、蛋壳、瓜果皮核、茶渣、骨头等在日常生活中产生的易腐性垃圾。

有害垃圾:废弃的充电电池、纽扣式电池、荧光灯管(日光灯光、节能灯管)、温度计、血压计、药品、杀虫剂、胶片、相纸等含有对人体健康或对自然环境造成直接或潜在危害物质的垃圾。

其他垃圾:除可回收垃圾、厨余垃圾和有害垃圾之外的生活垃圾。

将垃圾分好类后,需要将不同类的垃圾装入不同的垃圾袋并投放至不同的垃圾桶内:可回收垃圾投入蓝色垃圾桶,厨余垃圾投入绿色垃圾桶,有害垃圾投入红色垃圾桶,其他垃圾投入灰色垃圾桶。

(二)教室卫生打扫

1. 劳动任务

①清理墙面;

②清理并擦拭门窗;

③擦黑板;

④清理并擦拭讲台和课桌椅;

⑤清理地面及走廊;

⑥清理垃圾。

2. 使用工具

抹布、扫帚、撮箕、平面拖把、垃圾桶、洗衣粉、铲子、除胶剂。

3. 基本要求

①墙面无蜘蛛网,无乱贴乱画;

②前后门、课桌椅、讲台干净整洁,无灰尘,无小广告,无"课桌文化",无垃圾;

③窗户无灰尘;

④黑板、黑板槽保持干净整洁,无灰尘;

⑤地面及走廊干净整洁,无垃圾、黑块和大量积水;

⑥垃圾桶保持卫生整洁、卫生洁具摆放整齐。

4.基本方法

①用扫帚从左到右、从上到下清理墙面及窗户蜘蛛网和灰尘;

②用铲子和除胶剂铲除走廊、墙面、门、课桌椅、讲台上张贴的小广告;

③用抹布按照从左到右、从上到下的顺序擦拭黑板、黑板槽、门等;

④清理讲台及课桌椅表面及里面的垃圾后用抹布按照从左到右、从上到下、从里到外的顺序擦拭讲台和课桌椅等;

⑤用铲子清理教室及走廊地面黑块,用扫帚和撮箕清理教室及走廊地面垃圾,并用拖把拖净地面。地面最好能够拖洗 2~3 遍,第 1 遍用放有少量洗衣粉的水拖洗,第 2~3 遍用清水拖洗;

⑥分类处理垃圾。

(三)包干区卫生清理

1.劳动任务

①清理小广告;

②修剪绿篱;

③清理杂草;

④清理垃圾落叶。

2.使用工具

抹布、小铲子、除胶剂、垃圾夹、大扫帚、割草机、电动绿篱修剪机、垃圾袋。

3.基本要求

①包干区内无张贴小广告;

②包干区内务无杂物,无垃圾,无枯树枝及落叶,无杂草;

③绿化带修剪得整齐美观。

4.基本方法

(1)清理小广告

首先,用小铲子去除墙面小广告可撕下或铲下的部分;其次,将除胶剂喷洒在粘胶处(未清理干净处),使之浸泡 3~5 min;最后,用抹布或钢丝球擦除残留部分。

（2）修剪绿篱

利用绿篱修剪机进行修剪：首选确定好修剪高度，一般不低于上一次的剪口；然后开始修剪，先剪正侧面，再剪水平面，最后剪次侧面；接着，反复找平剪过的地方，修脚部；最后清理剪下的枝叶，将其打包送往学校垃圾场。

（3）清理杂草

利用割草机修剪绿化带草坪，去除道路、广场、台阶和水沟走边等地带的杂草，并用大扫把、垃圾袋清理割下的杂草，将其打包送往学校垃圾场。

（4）清理落叶垃圾

用垃圾夹和垃圾袋清理包干区内塑料袋、快餐盒、烟头等各类垃圾，用大扫帚清扫包干区内的残枝败叶，并将垃圾分类打包送往学校垃圾场。

（四）自选爱国卫生运动项目

项目名称	
劳动任务	
使用工具	

续表

基本要求	
基本方法	
注意事项	

三、劳动记录与体悟

爱国卫生运动记录表

姓名					班级				
劳动日期									
劳动项目									
是否获得星级/ 或考评合格									
证明人									
个人体悟					学号				
同组参与同学评价									

第二节　烹饪体验

　　烹饪,烹即煮,饪即熟。顾名思义,烹饪狭义来说就是人们把食物原料用适当的方法进行热加工,使之成为可食用的成品的活动。现代的烹饪既包括熟食调味,也包括生食调制。

　　用火制熟食物,是人类从低级动物进化为高等动物的标志。经考古发现,周口店的北京猿人已经懂得用火制熟食物,中国的烹饪自此诞生。最初的烹饪没有炊具,我们的祖先先是把食物直接放于火中烧熟或是把食物埋在火灰中;后来创造了石烹法,也就是利用石块或石板烘烤食物;再后又发明了水煮法,即在地上挖坑放上兽皮,掺水后放入食物,投入烧热的石头,利用水的温度煮烧食物。就这样,我们的祖先对食物采用火炙石燔水煮的方式,经过了漫长的历程,直到新石器时代出现了陶器;新石器时代晚期青铜器出现,我们的祖先有了合适的生活用具,煎、炸、烧、焖、炖、烩等烹饪技法相继出现,中国的烹调技艺始得显现。

　　烹饪的诞生,使人类的生活发生了质的飞跃。制熟食物使人类可以脱离茹毛饮血的生活方式,与动物有了根本的区别;制熟的食物经过杀菌消毒,改善了营养,在一定程度上延长了人类寿命;制熟的食物更易咀嚼,使人类可以腾出更多时间进行其他生产活动;烹饪的诞生,还促使氏族内部以性别划分的劳动分工,男主外女主内渐成习俗,母系氏族社会逐步向父系氏族社会更移。

　　烹饪的诞生,对于促进生产力发展,推动社会进步,缔造物质文明和精神文明有着极其重要的意义。它是人类从旧石器时代转向新石器时代的重大关键,是人类发展史上的一个里程碑。正如恩格斯所说,"熟食是人类发展的前提"。

　　烹饪体验这一劳动实践,旨在锻炼学生的实践动手能力和团队协作能力,使学生在身体力行中体会劳动的不易,促进学生良好个性的养成。

一、烹饪体验的目的与意义

　　①学习制作食品的方法,区分制作食品的各种材料,了解不同食材的特征和用途。

　　②采用分组协作的方式进行动手制作,培养学生的团队合作意识和协作能力。

　　③引导学生将制作好的食品与同学或家人分享,共同感受劳动的快乐。

　　④体验劳动的不易,体会父母平日家务操劳的辛苦。

二、烹饪体验的项目与内容

（一）面点制作

1. 劳动任务

制作馒头。

2. 使用工具与材料

（1）制作工具

碗、筷子、面盆、案板、刀、蒸锅、篦子、蒸笼布。

（2）用料

普通面粉　500 g

温水　　　250 g

酵母　　　2～3 g

3. 制作方法

①添加酵母。取 125 g 温水倒进酵母将其化开。在面粉中心扒个坑，倒入酵母液，略微搅拌后陆续倒入剩余的温水。注意根据面粉的吸水量调节加水量。

②和面。先用筷子把面粉和酵母液的混合物搅拌成面碎，再用手反复揉压直到面团表面光滑不粘盆。

③发酵。在面盆上盖上湿布等候面团发酵，以防止发酵过程中面团表皮被风吹干。发酵速度取决于温度，夏天一般需要 2 h，冬天需要更长时间。当面团体积发酵至两倍，并且面团内部组织已形成蜂窝状即发酵成功。

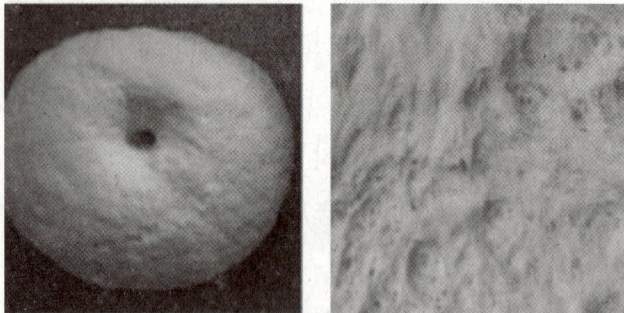

④成型。用力地反复揉压面团，直到出现面团粘黏面板和手的现象，再薄薄地撒一层面粉，继续用力揉压面团，直到用刀切开面团，从切开的断面看不到明显的蜂窝状即可。此时把面团揉成手腕粗细的长条，再用刀均匀切开来，使切出的小面团大小均匀一致。

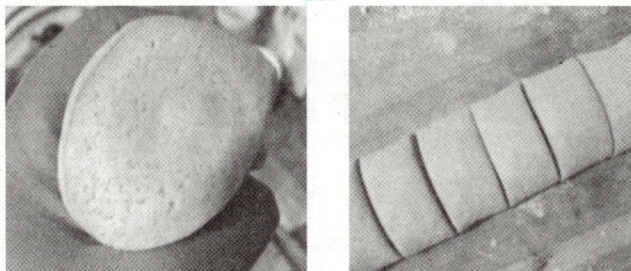

⑤醒面。让小面团在常温下放置一会儿,以松弛醒面。醒面的时候要用布将面团盖住,以免表皮变硬,醒面时间一般为 15～20 min。

⑥蒸制。将已醒好的小面团放在箅子上,放小面团的时候注意每个小面团之间要留出一定的距离,水开后上笼蒸制,一般蒸 20 min 后关火,再焖 5 min,即可开盖出锅。

小贴士

①上述和面方法适用于需要发面的其他食物。

②蒸馒头的面粉可以用通用面粉、高筋面粉、全麦面粉等,但不可使用低筋面粉。

(二)烘焙烤制

1. 劳动任务

制作戚风蛋糕。

2. 使用工具与材料

(1)制作工具

碗、8 寸蛋糕模具、分蛋器、打蛋器、刮刀、面粉筛、电子秤、量杯、烤箱。

(2)用料

色拉油	50 mL
低筋面粉	90 g
鸡蛋	5 个
牛奶	50 mL
细砂糖	80 g
黄油	少许

3. 制作方法

①分离蛋黄。将 5 个鸡蛋的蛋黄和蛋清分离,注意分离鸡蛋的时候不要弄散蛋黄,蛋清内不能残留一丁点蛋黄。蛋清单独存放备用。

②制作蛋黄糊。先手动搅散蛋黄,再加入 30 g 细砂糖用打蛋器搅拌均匀至蛋黄颜色变浅;然后边搅拌边加入 50 mL 色拉油,搅拌至均匀;同样边搅拌边加入 50 mL

牛奶,搅拌至均匀;最后筛入 90 g 低筋面粉,搅拌至蛋黄糊光滑细腻无颗粒。

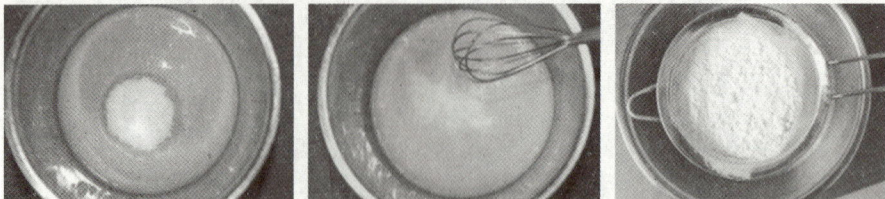

③制作蛋白霜。先将蛋清打发至粗泡状态,再分三次均匀加入 50 g 的细砂糖,第一次加糖后打发至细腻泡沫状,第二次加糖后打发至湿性发泡状(即把盆翻过来无法流动),最后一次加糖后打发至打蛋器头上蛋白霜能拉出一个短小直立的尖角,即干性发泡的状态。

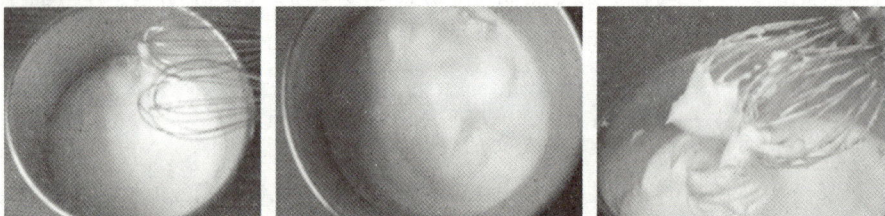

④蛋黄糊和蛋白霜的混合。把打好的蛋清分三次加入蛋黄液中,用刮刀以从下往上的方法翻拌均匀,完全翻拌均匀至光滑细腻无颗粒。

⑤装模。给 8 寸的圆形蛋糕模具均匀刷上一些融化的黄油,再将混合面糊倒入蛋糕模具中,装至 8 分满,装模后在桌面上轻磕,以便将面糊里面的气泡振出。

⑥烘焙。先开启烤箱,165 ℃预热 10 min,预热完毕后,再把蛋糕模具放入烤箱的下层,选择上下火烘烤模式,采用 165 ℃烤制 30 min。注意具体烤制时间可根据烤箱的不同进行调节。

⑦烘烤完后,立刻取出蛋糕模具,同样将其在桌子上轻磕几下,然后倒扣在烤架上,待蛋糕完全冷却后即可脱模。

小贴士

①务必注意分离鸡蛋时不要弄散蛋黄,同时装蛋清的盆必须无油无水。

②蛋糕烤到一定时间时,可以用一根牙签插进去,如果牙签上面不沾蛋糕糊就说明蛋糕烤熟了。

③蛋糕是否塌腰回缩与打发蛋白、翻拌手法、制作方式等都有关系。

④鸡蛋尽量选新鲜的,也可以加几滴柠檬汁或香草精、白醋以去腥。

(三)轻食料理

1.劳动任务

制作蔬菜沙拉。

2.使用工具与材料

（1）制作工具

案板、刀、盘。

（2）用料

圆白菜	1 个
水萝卜	1 个
黄瓜	1 根
香蕉	1 根
熟鸡蛋	1 个
圣女果	6 个
扁杏仁	10 粒左右
黑芝麻	适量
沙拉酱或番茄酱	适量

3.制作方法

①将圆白菜洗净后撕开。

②将水萝卜、黄瓜、圣女果洗净，圣女果切块，水萝卜、黄瓜切片。

③将熟鸡蛋、香蕉切块。

④把所有食材装盘，撒上黑芝麻、扁杏仁，淋上沙拉酱或番茄酱，拌匀后即可。

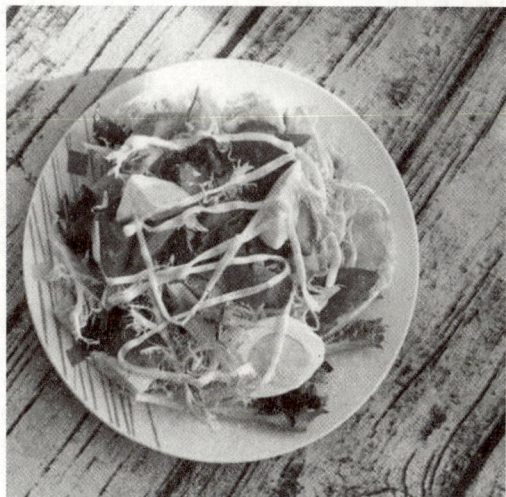

（四）自选烹饪项目

项目名称	
劳动任务	
使用工具与材料	

制作方法	
注意事项	

三、劳动记录与体悟

烹饪体验记录表

姓名		学号		班级	
劳动项目		劳动时间		劳动时长	
劳动组织单位			劳动地点		
劳动内容					
劳动成果照片					

续表

个人体悟	
劳动负责人 （组织单位） 评价	
劳动负责人 （组织单位） 签名（盖章）	

第三节　农事劳作

农事劳作是指在农业生产中所进行的劳动,是我们赖以生存的基本劳动。

一、农事劳作的目的与意义

①了解农业生产的基本常识,学习基本农业知识。

②学会使用2～3件农事工具,能够独立完成一项简单的农事。

③体会劳动的辛苦和快乐,激发对劳动人民的感情,养成勤于动手、勤俭节约的生活习惯。

二、农事劳作的项目与内容

(一)盆栽草莓

1.劳动任务

通过亲手栽种草莓,掌握种植方法,培养出草莓。

2.使用工具

泥土、花盆、小铁锹、浇水壶、剪刀、棉签、肥料等。

3.劳动方法

①种苗。一般实践选在秋天实施,或选择四季结果的品种,如欧洲四季红、长虹二号、83-38 等。在花盆中放入泥土,然后挖一个大小、深浅合适的土坑,把幼苗根部埋在泥土里,用小铁锹轻轻按压周边泥土,使幼苗在土中直立,接着用水将周围的泥土浇透,并保持周围环境通风。

②浇水。可1～2天给幼苗浇一次水,以泥土湿润为宜。

③施肥。以长效复合肥为例,10 天一个周期对草莓苗进行施肥。

④松土和修剪枝叶。适当翻动植株周边的泥土,防止土壤干结,但应注意不伤及根茎;及时修剪植株枯叶或多余的叶子。

⑤光照。要保持草莓植株充足的光照,以每天6 小时光照为宜。注意光照要柔和,忌在阳光下暴晒。

⑥授粉。植株开花后,用棉签沾上花粉,触碰花心,促进花蕾授粉。

⑦采摘草莓。待草莓果实成熟后,单手用托酒杯的方式勾住草莓的萼片,轻轻扭动即可将其摘下。

（二）采茶叶

1.劳动任务

掌握采摘茶叶的要求和技巧,能够熟练地采摘茶叶。

2.使用工具

肩背式或手提式竹篮。

3.劳动方法

茶叶类型不同,鲜叶的采摘要求、标准、手法各不相同。一般而言,主要有以下采摘手法。

①掐采法:主要用于采摘细嫩鲜茶叶。用左手按住茶树的新梢,以右手的拇指和食指的指尖一起用巧力,轻轻地把嫩芽和嫩叶(一般为一芽一叶或一芽两叶)掐下来。注意切忌用指甲切芽叶。

②提采法:主要用于大宗茶叶的采摘。根据手掌的朝向和手指的着力点不同,可以分为直摘和横摘两种方式。

③直摘法:用左手执树枝,右手掌心向上,食指靠近茶芽,再用拇指夹住茶芽,使其处于两指之间;食指力强,拇指力弱,由食指向上着力,茶叶即折断落入掌中。

④横摘法:与直摘法相反,掌心向下,拇指朝内,靠近茶芽后用食指将其按住,着力于拇指向下采摘。

（三）养蚕

1.劳动任务

通过养蚕,掌握养蚕的基本要求,坚持喂养。

2.使用工具

纸箱(或小盒子)、小秸秆(2~3 cm)。

3.劳动方法

①收蚁。刚孵出来的蚕也叫蚁蚕,收蚁即是将刚孵化的蚁蚕收集定座的过程。将蚕卵放在20 ℃左右环境中,当蚁蚕破壳后,将它放在嫩桑叶上,并一起放置在盒子里。

②喂养。定时(1~2 天一次)给幼蚕投喂桑叶,幼蚕宜投放嫩叶,长成大蚕后可放置熟叶。注意保持盒子通风,确保足够的氧气;盒外可视情况盖一块湿布,保持盒子内部环境的湿润。

③结茧。大蚕蜕4 次皮后,身体逐渐发亮。此时可在纸盒里放置小秸秆,方便大蚕结茧。

（四）自选农事劳作项目

项目名称	
劳动任务	

使用工具	
劳动方法	
注意事项	

三、劳动记录与体悟

农事劳作记录表

姓名		学号		班级	
劳动项目		劳动时间		劳动时长	
劳动组织单位			劳动地点		

续表

劳动内容	
劳动成果照片	

续表

个人体悟	
劳动负责人 （组织单位） 评价	
劳动负责人 （组织单位） 签名（盖章）	

第七章　专业生产劳动

第一节　专业实训

专业实训即职业劳动技能训练,是教师在学校教学目标和人才培养方案的指导下,组织学生通过实际训练掌握职业劳动技能的活动。

一、专业实训目的与意义

①将专业理论知识与工作实践结合起来,在实训中理解并掌握专业知识。

②在实践中提升专业技能水平,能够熟练掌握专业相关技术技能。

③培养专业情感,确立"学一行,爱一行,干一行,精一行"的专业情怀,培养爱岗敬业的劳动品质。

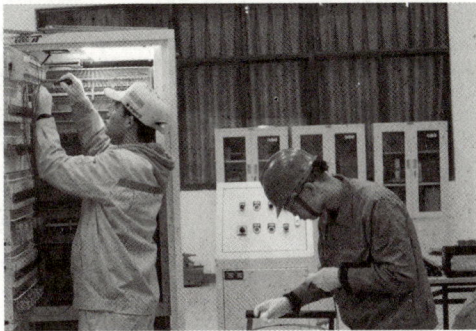

二、专业实训的项目与内容

自选专业实训项目

实训内容	模拟真实的工作环境,运用劳动工具,仿真完成劳动任务,基本掌握专业劳动技术技能,能够做到举一反三、触类旁通,逐步适应真实的生产环境。
实训要求	①严格遵守实训的各项规章制度,按时参加实训,不得无故缺勤、迟到、早退; ②严格遵守实训的各项操作规范,注意实习过程的各项安全; ③手脑并用,提高思辨能力,能够辨识实训项目系统的内部结构; ④适应真实的生产劳动环境。

续表

实训任务要求	理论基础	
	实训资料	
	实训工具	
	实训任务	
	任务要求	
实训组织		
实训预期成果		

三、劳动记录与体悟

专业实训记录表

姓名		学号		班级	
实训项目			起止时间		
实训任务					
实训成果					
个人体悟					
实训成绩			指导老师		

第二节　顶岗实习

顶岗实习是指学生在基本完成基础课程的学习和专业教学实训后,到专业对口的企业岗位直接参与生产过程,综合运用专业所学的知识和技能,以完成一定的生产任务,并进一步获得感性认识,掌握操作技能,学习企业管理,养成正确劳动态度的一种实践性教学形式。顶岗实习是大学生适应劳动岗位,参与社会生产劳动的重要途径。

一、顶岗实习的目的与意义

①通过真实地完成生产任务,熟练掌握生产工具的使用方法,进一步掌握专业生产技术和操作技能。

②通过真实的职场工作体验,了解市场环境与需求,适应社会生产劳动要求,积累工作经验,树立正确的择业观念,为就业做好充分准备。

③通过真实的职场体验和学习,养成良好的劳动态度和劳动习惯。

二、顶岗实习的项目与内容

自选顶岗实习项目

实习内容	在真实的劳动岗位中,熟练使用劳动工具,综合运用学校所学到的专业知识和劳动技能,努力完成顶岗实习的各项劳动任务;尽快适应社会行业和岗位劳动模式、文化、环境、安全、制度等要求,不断寻找自身差距,拓展知识面,提高发现和解决问题的能力。

所需能力	（1）通用能力 熟悉专业岗位的操作流程,具有团队合作精神,具有自我学习、更新知识技能、适应岗位变化及社交公关、人际沟通等能力。 （2）专业能力 具有岗位所要求的专业能力。 （3）职业素养 具有良好的职业道德、较强的心理素质和优良的身体素质。
实习要求	①严格遵守实习各项规章制度和纪律规定,按时参加实习,不得无故缺勤、迟到、早退,不得出现晚归或夜不归宿等现象。在实习期间严重违反规章制度的学生,将暂停或取消实习资格。 ②严格遵守实习场地的规章制度和安全生产的操作规范流程,坚决杜绝一切可能危及安全的事件。 ③记好实习笔记,做好实习总结,填写实习手册,完成实习报告。
实习任务	
任务要求	
实习预期成果	

三、劳动记录与体悟

顶岗实习记录表

姓名		学号		班级	
实习项目			起止时间		
实习任务					
实习成果					
个人体悟					
实习成绩			指导老师		

第三节 职业技能比赛

职业劳动技能比赛,是全面贯彻落实习近平总书记对高素质技能人才工作的重要指示精神,提升技术技能人才培养质量,更好地在全社会弘扬精益求精的工匠精神,激励广大学生走技能成才、技能报国之路的重要手段和途径。

一、职业技能比赛的目的与意义

①树立典型和榜样,调动广大学生参与职业技能训练的积极性,进一步强化职业技能训练,提升学生的专业技能水平,培养学生的工匠精神,提高学生就业、谋业、创业能力。

②引导和激励学生实事求是、刻苦钻研、勇于创新、多出成果、提高素质,培养学生的创新精神和实践能力,发现和培养在学术科技上有作为、有潜力的优秀人才。

③促进学校人才培养模式的变革,增强办学活力;促进职业教育专业建设和教学改革,提高教育教学质量;促进高校按照社会人才市场需求,培养企业急需的高素质劳动者和技能型人才。

二、职业技能比赛的项目与内容

(一)职业技能大赛

1.活动内容

职业技能大赛围绕职业院校主要专业群开展,对接产业需求、行业标准和企业主流技术水平。大赛的内容设计围绕专业教学标准和真实工作的过程、任务与要求,重点考查选手的职业素养、实践动手能力、规范操作程度、精细工作质量、创新创意水平、工作组织能力和团队合作精神。职业技能大赛分为校级赛、省(地市)级赛、国家级赛三级赛制。大赛赛项分为常规赛项和行业特色赛项两类。常规赛项指面向的专业全国布点较多,产业行业需求较大,比赛内容成熟,比赛用设备相对稳定,适当兼顾专业大类平衡的赛项;行业特色赛项面向的专业对国家基础性、战略性产业起重要支持作用,行业特色突出,但全国布点较少。比赛形式鼓励团体赛,也会根据需要设置个人赛。

2.活动要求

参赛选手须为普通高等学校全日制在籍高职学生,比赛当年一般不超过25周岁;省(地市)级赛及国家级团体赛不跨校组队,同一学校相同项目报名参赛队不超过1支;个人赛同一学校相同项目报名参赛不超过2人;往届大赛获得过一等奖的学生不再参加同一项目相同组别的比赛。超出年龄的报名选手,须经赛项组委会专门确认其全日制在籍学生身份,并在赛前一个月报大赛执委会批准。

(二)"挑战杯"全国大学生课外学术科技作品竞赛

1.活动内容

"挑战杯"全国大学生课外学术科技作品竞赛按照参赛作品类别分为自然科学类学术论文、哲学社会科学类社会调查报告和学术论文、科技发明制作三类。自然科学类学术论文作者限本专科生。哲学社会科学类社会调查报告和学术论文限定在哲学、经济、社会、法律、教育、管理6个学科内。科技发明制作类分为A、B两类:A类指科技含量较高、制作投入较大的作品;B类指投入较少,且为生产技术或社会生活带来便利的小发明、小制作等。

2.活动要求

①参赛作品总体要求为:自觉运用马克思主义立场观点方法分析和解决实际问题,积极弘扬社会主义核心价值观,结合对经济、政治、文化、社会、生态文明等方面的建设要求,用建设性的态度和改革发展的眼光,贴近实际、贴近生活、贴近群众,典型调查,以小见大,独立思考,了解新情况,反映新问题,体认新实践,研究新经验,深刻认识国情,拓展时代视野,加深对中国特色社会主义道路、理论和制度的理解和把握,树立正确的世界观、人生观、价值观,培养实事求是、以人为本、与时俱进、艰苦奋斗、勇于创新和科学严谨的精神,锻炼运用科学理论认识、分析和解决实际问题的能力。

②申报省级或国家级赛事的参赛的作品必须是距竞赛终审决赛当年7月1日前两年内完成的学生课外学术科技或社会实践活动成果,分为个人作品和集体作品。申报个人作品的,申报者必须承担申报作品60%以上的研究工作,作品鉴定证书、专利证书及发表的有关作品上的署名均应为第一作者,合作者必须是学生且不得超过2人;凡作者超过3人的项目或者不超过3人,但无法区分第一作者的项目,均须申

报集体作品。集体作品的作者必须均为学生。凡有合作者的个人作品或集体作品,均按学历最高的作者划分至本专科生、硕士研究生或博士研究生类进行评审。

③申报省级或国家级赛事的参赛作品涉及下列内容时,必须由申报者提供有关部门的证明材料,否则不予评审。

a.动植物新品种的发现或培育,须由省级以上农科部门或科研院所开具证明。

b.对国家保护动植物的研究,须由省级以上林业部门开具证明,证明该项研究的过程中未产生对所研究的动植物繁衍、生长不利的影响。

c.新药物的研究须有卫生行政部门授权机构的鉴定证明。

d.医疗卫生研究须通过专家鉴定,并最好附有在公开发行的专业性杂志上发表过的文章。

e.涉及燃气用具等与人民生命财产安全有关用具的研究,须由国家相应行政部门授权机构的认定证明。

(三)"互联网+"大学生创新创业大赛

1.活动内容

"互联网+"大学生创新创业大赛是由教育部与政府、各高校共同主办的,旨在深化高等教育综合改革,激发大学生的创造力,培养造就"大众创业、万众创新"的主力军;推动赛事成果转化,促进"互联网+"新业态形成,服务经济提质增效升级;以创新引领创业、创业劳动就业,推动高校毕业生更高质量的创业就业。

2.活动要求

①参赛项目能够将移动互联网、云计算、大数据、人工智能、物联网、下一代通信技术、区块链等新一代信息技术与经济社会各领域紧密结合,服务新型基础设施建设,培育新产品、新服务、新业态、新模式;发挥互联网在促进产业升级以及信息化和工业化深度融合中的作用,服务新型基础设施建设,促进制造业、农业、能源、环保等产业转型升级;发挥互联网在社会服务中的作用,创新网络化服务模式,促进互联网与教育、医疗、交通、金融、消费生活等深度融合。

②参赛项目须真实、健康、合法,无任何不良信息,项目立意应弘扬正能量,践行社会主义核心价值观。参赛项目不得侵犯他人知识产权;所涉及的发明创造、专利技术、资源等必须拥有清晰合法的知识产权或物权;抄袭、盗用、提供虚假材料或违反相关法律法规一经发现即刻丧失参赛相关权利并自负一切法律责任。

③参赛项目涉及他人知识产权的,报名时须提交完整的具有法律效力的所有人书面授权许可书、专利证书等;已在主管部门完成登记注册的创业项目,报名时须提

交营业执照、登记证书、组织机构代码等相关证件的扫描件或复印件,及说明单位概况、法定代表人情况、股权结构等相关材料。参赛项目可提供当前财务数据、已获投资情况、带动就业情况等相关证明材料。

（四）自选职业能力竞赛项目

项目名称	
活动内容	
活动要求	

三、劳动记录与体悟

职业能力竞赛记录表

姓名		学号		班级	
竞赛项目					
竞赛内容					
主要职责					
个人体悟					
获得奖项					
指导老师 评价					
指导老师 签名					

第八章　社会服务劳动

第一节　公益劳动

公益劳动是指直接服务于公益事业、不取报酬的劳动,是学校劳动教育和学生社会实践内容,目的在于培养学生为人民服务、为公众谋福利的思想和良好品德;推动学生接触社会,深入生活,积极参加各种社会实践,形成良好社会风尚。公益劳动的内容包括各种服务性劳动,如参加秋收,植树造林,打扫卫生,帮助烈军属和残疾人等。学校组织公益劳动应遵守不影响教学的原则,从本校和本地区的实际情况出发,安排学生参加力所能及的劳动。组织与安排公益劳动,应有目的、有计划地对学生进行思想教育,讲明公益劳动的意义,引导学生自觉自愿地参加为社会服务的无偿劳动。要照顾学生的年龄特点、性别特点和个体差异,妥善安排劳动项目和时间,避免学生负担过重。

一、公益劳动的目的与意义

1.锻炼学生的动手能力

公益劳动是解决当代大学生动手能力差、缺乏锻炼的重要方式。大学生们积极参加公益劳动不但能激发学生潜在的探索精神,使他们学到许多课本上学不到的知识,而且还能促使他们积极接触社会,主动付出劳动,增加锻炼动手能力的机会。

2.培养学生的社会责任感

公益劳动的服务对象是社会。公益劳动,通过传播公益文化,营造高雅的道德氛围,培育学生的公共服务意识,提升学生的社会责任感。

3.培养学生甘于奉献的劳动精神

学生参加公益劳动需要在不取得任何劳动报酬的情况下付出大量时间、精力去服务他人。这个过程能让学生感受到无偿帮助他人的快乐,体会乐于奉献的伟大,有助于培养学生不怕吃亏,不怕牺牲的奉献精神。

二、公益劳动的项目与内容

（一）植树护林

1.劳动任务

①种植树木；

②树干涂白；

③树干包裹。

2.劳动工具与材料

铁锹、浇水壶、生石灰、石硫合剂、食盐、食用油、面粉、水、草绳。

3.基本方法

（1）种植树木

第一步，选择优良树苗。优良的树苗栽植易成活，选择时应注意树苗的土球必须足够大，应有完整的根系并且拥有较多的侧根和须根。

第二步，挖坑。利用铁锹，根据树苗根系的长、宽挖大小适宜的树坑，深度一般以50厘米为宜，确保树的根部能被坑容下即可。挖坑的位置要尽可能选择在土壤厚的地方，然后控制好坑的距离，不要过密，防止树苗长大后阳光照射不充足。挖坑时需要将表面的熟土、下面的黄土分倒在坑的两侧。

第三步，回填。种树前在坑内先回填部分熟土。一般情况下，回填熟土20～30厘米。

第四步，定根。把树苗放进树坑里，树苗要扶正。一般分三次进行填土。第一次填土少许，在距坑顶一定距离的地方先停止填土，在已填的土上绕树一周，用均力踩实，然后轻提树茎，抖松，以保证树根的呼吸通畅。第二次填土后，绕树用均力再踩实。再填一层土，尽量让树坑比地面低一些，便于日后浇水养护。

第五步，浇水。浇水后，覆盖一层薄土，以保持水分。植树后要坚持浇水，有条

件的可施些农家肥,确保树苗成活。植树后应注意对树苗的保护,不要被人或者动物伤害到树苗。

（2）树干涂白

树干涂白是指给树干刷一层白色的石灰水。树干涂白后,能把10%的阳光反射回去,从而减少吸热,这样树干就不会因昼夜温差巨大而冻裂,同时还有杀菌和防虫的作用。

每年在落叶后和初春时节,需要对树干进行两次涂白。在树干涂白之前,要检查植株的生长情况。如发现树干上存在虫蛀的洞孔,则需及时将浸泡过多菌灵溶液的棉球塞入洞孔中,并用泥土封住洞口后,再进行树干涂白,涂白需要在土壤封冻期到来前完成。

涂白时先要配置涂白剂。制作涂白剂的原料包括:2.5 kg 的生石灰、0.5 kg 的石硫合剂、0.5 kg 的食盐、100 g 的食用油、50 g 的面粉、18 kg 的水。先将生石灰和水混合均匀,充分搅拌。再过滤掉混合液中的残渣,将其倒入到石硫合剂、面粉、食用油中充分搅拌,等到溶液混合搅拌成乳状时,再加入食盐进行充分溶解。将配制好的涂白剂静置 5~10 min 后,便可进行涂白操作。

树干涂白要用干净的刷子,蘸取涂白剂后,将涂白剂均匀刷在树干表面底部 1~1.5 m 处。涂抹一定要均匀,不能带有颗粒,不然会导致石灰在树干表面蒸腾放热,造成灼烧现象。在树干涂白的过程中,注意不要将涂白剂滴洒在土壤上,否则会引起植株烧根。

（3）树干包裹

在冬天的时候,因为有些品种的树木耐寒能力很差,所以需要使用草绳、谷草缠在树干上面给树木包裹防冻。这样做是为了避免树木被低温和寒风刺激,而且还可以减少树干水分流失。包裹的方法很简单,直接将材料捆绑在树干上就行,不过使用前最好用石灰水浸泡一下草绳、谷草等,可以起到杀菌的效果。

(二)校园安全巡查

1.劳动任务

①定期协助保卫处老师开展校园消防设施设备检查。协助保卫处老师对学校公共场所的探头点位、干粉灭火器、消防栓、消防手动按钮、消防应急灯、消防报警系统、水泵房、应急通道指示灯等进行逐一检查,并做好相关记录,及时排查隐患,堵塞漏洞,确保校园消防设施设备处于正常工作状态。

②协助保卫处老师开展校园安全巡逻。在校园内楼宇间进行安全保障的巡查,协助及时、快捷地发现、排查和消除安全隐患。

③协助保卫处老师开展校园消防安全演练,准备好演练相关道具,维护演练现场秩序。

2.基本要求

(1)校园消防设施设备检查

检查前需经过保卫处专业的消防设施设备检查培训并认定合格,还应熟练掌握消防设施设备检查相关专业知识和工作流程。检查时能保持认真、仔细、严谨的工作态度,发现问题及时报告,及时记录。

(2)校园安全巡逻

巡逻前需经过保卫处校园安全巡逻训练并认定合格,应熟练掌握校园安全巡逻工作职责及工作要点,协助保卫处老师巡查期间能够保持高度警惕。在巡查中发现安全隐患,要据实填写安全巡查记录,并及时报告老师。

(3)校园消防安全演练

熟练掌握消防安全演练相关知识和演练方案。提前做好相关应急预案和准备工作。

(三)校园事务服务

1. 劳动任务

①协助老师办理学生证及火车票优惠磁卡。

②协助老师办理学生落户相关手续。

③解答学生校园事务办理的相关咨询与疑问。

④协助老师收集与上报学生商业保险理赔资料。

⑤协助老师分发各类学生物资。

⑥学校大型活动现场秩序维护。

2. 基本要求

①进行校园事务服务前,需经过相关部门的校园事务服务专业培训并认定合格,熟悉掌握学校各类学生事务办理的相关知识和办理流程。

②为学生办理事务或提供服务时能保持主动、热心、耐心的工作态度。

③对待工作认真负责,细心严谨,不求回报。

(四)自选公益劳动项目

项目名称	
劳动任务	

续表

劳动工具与材料	
基本要求	
基本方法	

三、劳动记录与体悟

公益劳动记录表

姓名		学号		班级	
劳动项目		劳动时间		劳动时长	
劳动组织单位			劳动地点		
劳动内容					
劳动成果照片					

续表

个人体悟	
劳动负责人 （组织单位） 评价	
劳动负责人 （组织单位） 签名（盖章）	

第二节　志愿服务

　　志愿服务是指以不求回报为前提，以改善社会或弱势群体生活环境等为目标，自愿付出时间或精力的服务工作。党的十八大以来，习近平总书记高度重视志愿服务工作，强调要大力弘扬奉献、友爱、互助、进步的志愿精神，以实际行动书写新时代的雷锋故事。《中共中央　国务院关于全面加强新时代大中小学劳动教育的意见》明确提出，支持学生深入城乡社区、福利院和公共场所等参加志愿服务。志愿服务蕴含着丰富的劳动教育价值和劳动教育内涵，两者都承载着重要的教育功能，在价值取向、发展方向、实践要求上具有内在统一性和高度契合性。

一、志愿服务的目的与意义

1. 拓展知识

　　志愿服务可以帮助大学生拓展关于志愿服务的知识。大学生志愿服务的过程也是逐渐了解志愿服务知识、志愿精神和志愿文化的过程。随着志愿服务的深入开展，"奉献、友爱、互助、进步"的志愿精神内涵必定入脑入心。这个过程并不是通过理论灌输实现的，而是大学生通过参与志愿服务活动的真实体验亲身获得的。

　　志愿服务可以帮助大学生拓展关于社会的知识。大学生志愿者通过参与遍布全国的社区服务、环境保护、社会管理、文化建设和国际赛事服务等志愿活动，能够更深入地了解我国的国情、社情和民情，积累社会经验，完善自身知识结构。

2. 培养劳动精神

　　志愿服务可以帮助大学生养成艰苦奋斗的精神。习近平指出，人类的美好理想，都不可能唾手可得，都离不开筚路蓝缕、手胼足胝的艰苦奋斗。社会主义是干出来的，幸福都是奋斗出来的。艰苦岁月渐行渐远，但在繁荣富强的年代里也需要大学生在认知上和实践中明确物质生活条件的改善、思想观念的变化只是为奋斗精神赋予了新的时代内涵和实践要求，艰苦奋斗精神永远不会过时。

　　志愿服务可以帮助大学生培养团结协作和改革创新的精神。现代志愿服务活动多为群体性行动，其开展和完成有赖于团队的共同努力，团队成员的配合程度与协作能力直接关系着服务任务完成的效度和质量。同时，大学生志愿者在服务过程中难免会遇到环境复杂、服务内容不同、服务对象各异的情况，解决这些问题的过程也是志愿者激发潜能，打破思维定式，发扬改革创新精神，产生创造性成果的过程；而志愿服务结束后，大学生志愿者总结服务经验和探讨改进建议的过程，又是其进行深入思考和改革创新的过程。

3. 提高思想道德素质

志愿服务可以提高大学生的思想道德素质。党的十九大报告指出,永远把人民对美好生活的向往作为奋斗目标。中国特色社会主义共同理想集中体现了人民对美好生活的向往和追求,而共产主义远大理想则体现了人类对理想社会状态的不懈追求。数以千万计的大学生志愿者们秉承理想信念,在实践中寻找激情和动力,通过不同形式的志愿活动奉献社会,聚沙成塔,集腋成裘,在此过程中增强现代社会责任意识和担当意识,更加强化为人民服务的奉献意识,更加坚定在党的领导下实现中国特色社会主义的道路自信、理论自信、制度自信、文化自信,更加坚定对中国特色社会主义共同理想和共产主义远大理想的信念。

二、志愿服务的项目与内容

(一)车站执勤

1. 劳动任务

①引导咨询。为旅客提供出行咨询,进行设备协助。

②秩序维护。做好客流引导,交通安全劝导,倡导旅客安全文明乘车。

③重点帮扶。关注母婴、老幼、残疾等重点群体,为其出行提供细心周到的服务。

④便民利民。为需要帮助的旅客提供力所能及的助行服务,宣传旅客乘车常识和车站便民利民服务措施,提供便民利民服务。

⑤应急救援。如遇突发事件,应按照车站应急事件处置办法及时开展救援行动。

2. 基本要求

①提前告知家长并获得支持。

②积极接受岗前培训、安全教育和心理测试。

③严格遵守工作纪律,当班不迟到、早退、离(脱)岗,认真履行岗位工作职责和规范。

④严格遵守车站安全管理规定,遵照铁路运输技术规范和运输设备安全操作规程,听从指导,不盲目擅动,不违规操作,确保安全。

⑤严格遵守住宿管理规定,不使用违禁电器,不夜不归宿,提高防火、防盗意识;不参与打架斗殴,不参与聚众闹事,不酗酒,不做有损学校形象的事情。

⑥志愿服务期间,未经批准,不得擅自从事任何与志愿活动无关的事情。

⑦志愿服务期间,服从统一管理,不私自外出,有事外出一定履行请假手续。

⑧志愿服务期间,如发生特殊情况应及时向车站及学校有关工作人员报告。

⑨到达车站后,确需中途离开或终止工作,必须提出书面申请,征得所在学院的同意批准,并跟服务单位办理有关手续后方可离开。

（二）关爱弱势群体

1. 劳动任务

①关爱空巢老人，为他们提供居家环境保洁、心灵放松、陪伴交流等服务内容。

②关爱留守儿童、青少年群体，为他们提供心理疏导、学业辅导、青春健康常识等服务内容。

③关爱农民工，为他们提供健康、法律等知识普及。

④关爱残障人士，为他们提供力所能及的生活便利服务。

2. 基本要求

①用正常的心态和平等的态度与弱势群体交往。

②要有爱心、耐心和高度的责任心。

③亲切友善，擅用"换位"思考，有共情能力。

④以陪伴交流、心灵放松、知识普及、提供生活便利为主，不谈论所关爱群体的敏感问题。

（三）校园文明纠察

1. 劳动任务

课余时间在校园内进行巡查，重点针对寝室文明、课堂文明、食堂文明、举止文明等方面进行纠察，履行维护校园秩序，制止不良举止，杜绝浪费，检查公共设施，消除安全隐患等职责，在加强校园文明建设、构建和谐平安校园等方面发挥作用。

2. 基本要求

①有坚定正确的政治方向，能努力学习马列主义、毛泽东思想、邓小平理论、"三个代表"重要思想、科学发展观和习近平新时代中国特色社会主义思想，坚持四项基本原则，拥护党的路线、方针和政策。

②坚持实事求是的原则，从实际出发，讲事实依据。

③注意个人品德修养，服饰整洁，讲究卫生；诚实守信，谦虚谨慎；说话和气，待

人有礼;尊敬师长,乐于助人。

④具备一定的管理能力,对不文明的举止要敢于制止。

⑤有较强的洞察力和敏锐的目光,发现问题前及时解决或向学校的有关部门反映。

⑥有较强的应变能力,有耐心、责任心,不急不躁。

⑦注意工作方式方法,避免和同学发生正面冲突。

(四)自选志愿服务项目

项目名称	
劳动任务	
基本要求	

三、劳动记录与体悟

志愿服务记录表

姓名		学号		班级	
劳动项目		劳动时间		劳动时长	
劳动组织单位			劳动地点		
劳动内容					
劳动成果照片					

续表

个人体悟	
劳动负责人 （组织单位） 评价	
劳动负责人 （组织单位） 签名（盖章）	

第三节 社会实践

大学生社会实践是在校大学生利用课余时间,步入社会进行社会接触,提高个人能力,触发创作灵感,完成课题研究,发挥自己的聪明才智以求和社会有更大的接触,对社会做出贡献的活动。社会实践活动符合劳动教育在目标、内容、形式上的要求。在社会实践中开展劳动教育不仅具有理论上的可行性,也具备实践的可能性。党的教育方针一贯坚持生产劳动、社会实践与教育的有机融合。在实践中,学校要不断探索和推进新时代劳动教育与社会实践相结合的路径,引导学生正确认识劳动、热爱劳动,让学生通过动手练习、亲身体验得到锻炼并深入思考,提升大学生的劳动素养。

一、社会实践的目的与意义

1. 大学生的人生必修课:人生观、价值观和世界观教育

社会实践活动联通学校教育和社会教育,有效推动大学生思想政治教育工作。一方面,社会实践让大学生将抽象化和概念化的理论知识从实践中内化为自身的能力;另一方面,通过实践活动检验课堂教育,能在实践中反馈课堂教育的问题,提高教学的质量,深化理性认识。大学生通过参与社会实践活动,深入基层,全面了解国情,正确认识社会,能够使大学生明辨是非,正确、客观地看待我国目前发展所面临的机遇与挑战,确立正确的人生观、价值观和世界观,增强社会责任感和使命感。

2. 大学生成才成长必然途径:成长为社会主义的合格建设者和接班人

在实践过程中培养大学生服务人民、奉献祖国的社会责任感,要让爱国主义成为学生们的坚定信念和精神依靠。将社会主义核心价值观牢牢地记在心里,并践行于行动中。从实践活动当中,总结出属于自己的一套学习方法,不断获取知识,不断增长见识,不断追求真理。在实践过程中,与同学合作,学会与同学讨论,合理安排任务,学会高效办事。在实践过程中,学会独立思考,培养创新意识和创新精神。通过实践锻炼,促进形成社会主义建设者和接班人应有的劳动精神面貌、劳动价值取向,并达到需要的劳动技能水平。

3. 明确大学生的使命与担当:实现中华民族伟大复兴

对大学生进行理论与实践的双重教育,为大学生树立正确的价值取向。“中国梦”是要实现中华民族的伟大复兴,这需要中华儿女为之不断努力、奋斗,需要每一代青年明白自己肩负的重要使命。“少年强则国强”,中华民族伟大复兴的进程与大

学生社会责任感、历史使命感息息相关。大学生通过社会实践活动培养自己吃苦耐劳的意志品质，将国家命运与个人命运紧密结合，自觉承担历史使命。

二、社会实践的项目与内容

（一）"春暑运"社会实践

1. 活动内容

售票组织、实名制引导、闸机引导、电梯防护、候乘组织、防控宣传、旅客咨询和帮扶。

2. 活动要求

①提前告知家长并获得支持。

②政治思想素质较好，学习能力较强，在校期间综合表现良好，没有不及格课程，操行分数良好。

③纪律性较强，能服从指挥，自觉遵守各项纪律和规章制度，在校期间没有纪律处分，没有违反校纪校规行为。

④有较好团队意识，身体健康，安全意识强，能够吃苦耐劳。

⑤参加安全教育，安全考试取得 100 分。

⑥参加车站组织的岗前培训并考核合格。

⑦积极参加学生"春暑运"临时党支部、团支部活动，充分发挥学生党员、入党积极分子、优秀共青团员的先锋模范作用。

（二）"三下乡"暑期社会实践

1. 活动内容

大学生"三下乡"是指"文化、科技、卫生"下乡，是各高校在暑期开展的一项意在提高大学生综合素质的社会实践活动。中央宣传部、中央文明办、教育部、共青团中央、全国学联等部委，一般每年会组织开展全国大中专学生志愿者暑期"三下乡"社会实践活动。学校根据文件精神，结合实际，会统一组织"三下乡"暑期社会实践活动。活动内容主要有：

①理论普及宣讲：重点围绕习近平新时代中国特色社会主义思想和党的重要会议精神，开展宣讲报告、学习座谈、调查研究、政策宣传等形式的社会实践活动。

②历史成就观察：重点围绕中华人民共和国成立 70 多年以来经济社会发展的历史性成就等，开展参观考察、国情调研、学习体验等形式的社会实践活动。

③依法治国宣讲：重点围绕实施普法规划，开展法律法规宣传、法治建设宣讲、法治成果展示等形式的社会实践活动。

④科技支农帮扶：重点围绕脱贫攻坚和乡村振兴，开展农技培训推广、农业科普

讲座、金融知识下乡、乡村规划引领、乡风文明宣传等形式的社会实践活动。

⑤教育关爱服务:重点围绕青年志愿者关爱农村留守儿童志愿服务项目和关爱保护农村留守儿童工程,坚持扶贫与扶志扶智相结合,开展学业辅导、亲情陪伴、自护教育、素质拓展、敬老孝亲等形式的精准关爱志愿服务活动。

⑥文化艺术服务:重点围绕培育和践行社会主义核心价值观,开展艺术创作、惠民展演、全民阅读、文化普及等形式的社会实践活动。

⑦爱心医疗服务:重点围绕健康中国战略,开展健康普查、巡回医疗、流行性疾病防治、基本医疗卫生知识普及、乡(村)医疗站建设等形式的社会实践活动。

⑧美丽中国实践:重点围绕"美丽中国"建设和污染防治攻坚战,开展环境治理、科普宣讲、社会调研、发展献策等形式的社会实践活动。

⑨"彩虹人生"实践服务:重点开展关爱留守儿童、敬老助残、社区服务、公益宣传等形式的社会实践活动。

2.活动要求

①提前告知家长并获得支持。

②按照"就近方便"的原则组建团队。

③立项团队不得随意变更实践时间和地点,成员之间不得随意变更。

④纪律性较强,能服从指挥,自觉遵守各项纪律和规章制度。

⑤有较好团队意识,身体健康,安全意识强,能够吃苦耐劳。

⑥加强活动方案、过程管理等环节,提高实践活动的质量与效果。

⑦坚持"安全第一"原则,合理安排活动行程,遇突发状况、恶劣天气要第一时间向指导老师报告,并及时调整行程安排;各实践团队要加强安全与纪律教育,确保活动有序开展。

⑧加强宣传,各团队开展活动时统一使用"三下乡"标识,规范使用队旗、队服。

(三)"感恩母校行"社会实践

1.活动内容

通过寒暑假重返高中(中职)母校,通过拜访恩师,畅谈经历,分享心得,与母校教师交流汇报一次大学期间学习和生活情况,与母校学生同上一堂课,与母校合一张影,请母校老师给自己做一个评价,投一篇母校行图文稿件等形式多样的活动,引导广大青年弘扬中华民族传统美德,培养学生知恩、感恩、报恩意识。

2.活动要求

①纪律性较强,能服从指挥,自觉遵守各项纪律和规章制度。

②有较好团队意识,身体健康,安全意识强,能够吃苦耐劳。

③加强活动方案、过程管理等环节,提高实践活动的质量与效果。

④坚持"安全第一"原则,合理安排活动行程;各实践团队要加强安全与纪律教育,确保活动有序开展。

⑤加强宣传,各团队开展活动时统一使用"感恩母校行"标识,规范使用队旗、队服。

(四)自选社会实践项目

项目名称	
活动内容	
活动要求	

三、劳动记录与体悟

社会实践记录表

姓名		学号		班级	
劳动项目		劳动时间		劳动时长	
劳动组织单位			劳动地点		
劳动内容					
劳动成果照片					

续表

个人体悟	
劳动负责人 （组织单位） 评价	
劳动负责人 （组织单位） 签名(盖章)	

附表

附表 1   第一学期劳动实践考核评价表

姓名		学号		班级	
专业		年级		学院	
星级宿舍/ 个人		公益劳动 工时		志愿服务 工时	
获得劳动实 践奖励或 荣誉情况					
参加日常生 活劳动情况					
参加专业生 产劳动情况					

续表

参加社会服务劳动情况	
个人总结	

考核评价	评价内容	优秀	良好	合格	不合格
	劳动成果				
	劳动价值观				
	劳动能力				
	劳动习惯				
	综合考评				
考评人					

附表2 第二学期劳动实践考核评价表

姓名		学号		班级	
专业		年级		学院	
星级宿舍/个人		公益劳动工时		志愿服务工时	
获得劳动实践奖励或荣誉情况					
参加日常生活劳动情况					
参加专业生产劳动情况					

续表

参加社会服务劳动情况					
个人总结					
考核评价	评价内容	优秀	良好	合格	不合格
	劳动成果				
	劳动价值观				
	劳动能力				
	劳动习惯				
	综合考评				
考评人					

附表3 第三学期劳动实践考核评价表

姓名		学号		班级	
专业		年级		学院	
星级宿舍/个人		公益劳动工时		志愿服务工时	
获得劳动实践奖励或荣誉情况					
参加日常生活劳动情况					
参加专业生产劳动情况					

续表

参加社会服务劳动情况					
个人总结					
考核评价	评价内容	优秀	良好	合格	不合格
	劳动成果				
	劳动价值观				
	劳动能力				
	劳动习惯				
	综合考评				
考评人					

附表 4　第四学期劳动实践考核评价表

姓名		学号		班级	
专业		年级		学院	
星级宿舍/ 个人		公益劳动 工时		志愿服务 工时	
获得劳动实 践奖励或 荣誉情况					
参加日常生 活劳动情况					
参加专业生 产劳动情况					

续表

参加社会服务劳动情况				
个人总结				
考核评价	评价内容	优秀	良好	合格	不合格
	劳动成果				
	劳动价值观				
	劳动能力				
	劳动习惯				
	综合考评				
考评人				

附表 5 第五学期劳动实践考核评价表

姓名		学号		班级	
专业		年级		学院	
星级宿舍/个人		公益劳动工时		志愿服务工时	
获得劳动实践奖励或荣誉情况					
参加日常生活劳动情况					
参加专业生产劳动情况					

续表

参加社会服务劳动情况	
个人总结	

考核评价	评价内容	优秀	良好	合格	不合格
	劳动成果				
	劳动价值观				
	劳动能力				
	劳动习惯				
	综合考评				
考评人					

附表6 第六学期劳动实践考核评价表

姓名		学号		班级	
专业		年级		学院	
星级宿舍/个人		公益劳动工时		志愿服务工时	
获得劳动实践奖励或荣誉情况					
参加日常生活劳动情况					
参加专业生产劳动情况					

续表

参加社会服务劳动情况				
个人总结				
考核评价	评价内容	优秀	良好	合格	不合格
	劳动成果				
	劳动价值观				
	劳动能力				
	劳动习惯				
	综合考评				
考评人				

参考文献

[1] 马克思.资本论:第1卷[M].1867.

[2] 中共中央马克思,恩格斯,列宁,斯大林著作编译局译.马克思恩格斯选集:第1卷[M].北京:人民出版社,1995.

[3] 中共中央马克思,恩格斯,列宁,斯大林著作编译局译.马克思恩格斯全集:第44卷[M].北京:人民出版社1995.

[4] 中共中央马克思,恩格斯,列宁,斯大林著作编译局译.马克思恩格斯全集:第42卷[M].北京:人民出版社1979.

[5] 恩格斯.家庭、私有制和国家的起源[M].3版.北京:人民出版社,2000.

[6] 中共中央马克思,恩格斯,列宁,斯大林著作编译局译.恩格斯自然辩证法 第7分册[M].北京:人民出版社,1971.

[8] 新华社.中共中央 国务院关于全面加强新时代大中小学劳动教育的意见[J].中华人民共和国国务院公报,2020(10):7-11.

[9] 徐特立.论人民公德[M],//何东昌.中华人民共和国重要教育文献(1949—1997年).海南:海南出版社,1998.

[10] 习近平.在全国劳动模范和先进工作者表彰大会上的讲话[N].人民日报,2020-11-24.

[11] 习近平.在2015年春节团拜会上的讲话[N].人民日报,2015-02-18.

[12] 雷立成.传统家训德教理念及其现实意义[J].衡阳师范学院学报,2001(8).

[13] 洛维特.从黑格尔到尼采[M].李秋零,译.北京:生活·读书·新知三联书店,2014.

[14] 韩东屏.人类社会历史的真相与逻辑[J].湖北社会科学,2020(4).

[15] 徐长福.劳动的实践化和实践的生产化——从亚里士多德传统解读马克思的实践概念[J].学术研究,2003(11).

[16] 王任.山东潍坊风筝·韩福龄[M].深圳:海天出版社,2017.

[17] 陈斯琪.劳动教育:一场基于身体的幸福创造[J].当代教育科学,2020(11).

［18］傅滨,傅洪林.动作改变生命［M］.广州:广东科技出版社,2010.

［19］朱光潜.朱光潜美学文集:第3卷,上海:上海文艺出版社,1983.

［20］吕品田.守望理想 中国当代艺术思想与实践批评.北京:北京时代文化书局,2015.

［21］邹勇文,赵彤,缪圣桂.中国茶文化与茶艺［M］.北京:中国旅游出版社,2017.